# FRECHE LIEDER-
# LIEBE LIEDER

## Herausgegeben von Jürgen Schöntges
## Mit Bildern von Rotraut Susanne Berner

BELTZ
& Gelberg

*Jürgen Schöntges*, geboren 1949, ist Liedermacher,
Volkssänger und Lehrer. Er spielt Gitarre, Banjo, Drehleier und
Dudelsack und tritt auf vielen Festivals und Kleinkunstbühnen auf.
Er wurde mit dem Preis der Deutschen Schallplattenkritik
ausgezeichnet.

*Rotraut Susanne Berner*, geboren 1948, ist international
eine der bekanntesten und meist geehrten Illustratorinnen.
Zu ihrem Werk zählen Bilderbücher und Illustrationen
für Romane für Kinder.
Für ihr Gesamtwerk erhielt sie 2006 den
Deutschen Jugendliteraturpreis „Sonderpreis Illustration".

www.beltz.de
Lizenzausgabe für Beltz & Gelberg
in der Verlagsgruppe Beltz · Weinheim und Basel, 2006
© 1987 Büchergilde Gutenberg,
Frankfurt am Main und Wien
Alle Rechte vorbehalten
Einbandtypographie: Max Bartholl
Einbandgestaltung und Layout: Rotraut Susanne Berner
Notensatz und Harmonisierung: Alfons Moritz
Notenkorrektur: Friedrich Kur
Druck: Druck Partner Rubelmann, Hemsbach
Bindung: Druckhaus »Thomas Müntzer«, Bad Langensalza
Printed in Germany
ISBN: 978-3-407-79921-0
1  2  3  4  5    11  10  09  08  07

# INHALT

## Ich bin ein Musikante
*(Spiellieder)*

## Old MacDonald hat ein Haus

## Frühling, Sommer, Herbst und Winter

## Kennt ihr die Geschichte?

## Meine Oma fährt im Hühnerstall Motorrad

## Schön ist die Welt

## Laß doch den Kopf nicht hängen

## Wir sind Kinder einer Erde

# ZU DIESEM BUCH

„... so zwitschern auch die Jungen": singen macht uns allen Spaß. Egal, ob wir Kinder sind oder Erwachsene, wir singen gerne. Die Kinder sind da ganz unbefangen – sie summen, piepsen, trällern einfach drauflos; Erwachsene sind meistens etwas zurückhaltender. Viele haben Angst, sie brummen oder krächzen, und die Lieder von früher haben sie längst schon vergessen. Schade für die Eltern – Pech für die Kinder. Wie sollen die Kinder denn ohne uns Ältere die vielen schönen Lieder kennenlernen, die unsere Eltern oder Großeltern nachmittags oder abends vorm Ins-Bett-Gehen noch mit uns sangen. – Und wie toll war das doch damals! Da entstand in Null Komma nichts eine ganz friedliche und herzliche Stimmung im Zimmer, und wir sangen und sangen, so lange wir Lust und Lieder hatten.

Heute ist das alles seltener geworden, aber trotz der Verlockung von Fernsehen und Radio geht es immer noch – man muß nur erst mal anfangen. Vielleicht macht man's so: das Liederbuch aufs linke Knie, das Kind aufs rechte und gemeinsam im Buch rumblättern. Da sind ja so viele schöne Bilder drin, zu denen es tausend Fragen gibt, und zu jedem Bild gibt's ein Lied, das eine Geschichte erzählt.

Ganz vorn im Buch sind Lieder für kleine Kinder, an die sich viele Eltern aus ihrer eigenen Kindheit noch erinnern, und die kann man sofort wieder singen.

Je mehr man dann im Buch blättert, um so häufiger kommen neue, moderne Lieder dazu, von denen manche aus anderen Sprachen ins Deutsche übertragen sind. Das Buch soll die Kinder vom dritten Lebensjahr an begleiten, bis sie etwa zwölf Jahre alt sind. Entsprechend sind auch die Lieder ausgewählt: zunächst Spiellieder und Lieder mit Tieren, dann Unsinnlieder bis hin zu jenen Songs, die Kinder langsam an die Themenwelt der Erwachsenen heranführen. Hier wird dann vom Gemeinschaftssinn gesungen, vom Helfen und Sich-helfen-lassen, vom Frieden. Dann sitzen die Kinder vermutlich nicht mehr auf den Knien der Eltern, sondern sie suchen sich selbst die Lieder aus, die sie singen möchten.

Damit das Buch auch für Anfänger übersichtlich ist, haben wir immer nur die Singstimme notiert und die Tonarten so gewählt, daß Kinder in ihrer Stimmlage sofort richtig loslegen können. Wer Blockflöte spielt, hat es ganz einfach, denn schwierige Tonarten wurden vermieden, so gut es ging; Harmoniesymbole für die Begleitung mit der Gitarre oder einem Tasteninstrument sind bei allen Liedern – außer Kanons – angegeben.

Wir alle, die an diesem Liederbuch mitgearbeitet haben, wünschen den Kindern und ihren Eltern so viel Freude, wie wir sie bei der Arbeit hatten.

*Jürgen Schöntges*

# WIR
## WERDEN IMMER
## GRÖSSER

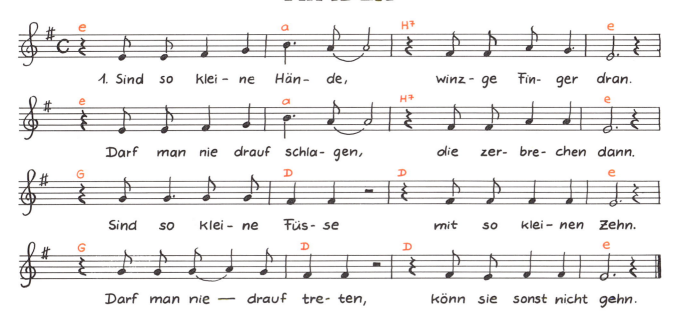

1. Sind so klei-ne Hän-de, winz-ge Fin-ger dran.

Darf man nie drauf schla-gen, die zer-bre-chen dann.

Sind so klei-ne Füs-se mit so klei-nen Zehn.

Darf man nie — drauf tre-ten, könn sie sonst nicht gehn.

2. Sind so kleine Ohren
scharf, und ihr erlaubt:
Darf man nie zerbrüllen
werden davon taub.
Sind so schöne Münder
sprechen alles aus.
Darf man nie verbieten
kommt sonst nichts mehr raus.

3. Sind so klare Augen
die noch alles sehn.
Darf man nie verbinden
könn sie nichts verstehn.
Sind so kleine Seelen
offen und ganz frei.
Darf man niemals quälen
gehn kaputt dabei.

4. Ist son kleines Rückgrat
sieht man fast noch nicht.
Darf man niemals beugen
weil es sonst zerbricht.
Grade, klare Menschen
wärn ein schönes Ziel.
Leute ohne Rückgrat
hab'n wir schon zuviel.

11

Text: Volker Ludwig

Musik: Birger Heymann

# WIR WERDEN IMMER GRÖSSER

1. Wir wer-den im-mer grös-ser, je-den Tag ein Stück. Wir wer-den im-mer grös-ser, das ist ein Glück. Gros-se blei-ben gleich groß o-der schrum-peln ein: Wir wer-den im-mer grös-ser – ganz von al-lein!

2. Wir werden immer größer,
das merkt jedes Schaf.
Wir werden immer größer –
sogar im Schlaf.
Ganz egal, ob's regnet,
donnert oder schneit:
Wir werden immer größer
und auch gescheit.

3. Wir werden immer größer,
darin sind wir stur.
Wir werden immer größer
in einer Tour.
Auch wenn man uns einsperrt
oder uns verdrischt:
Wir werden immer größer –
da hilft alles nicht.

Das ist eine Geheimwaffe! Ihr werdet immer größer!

12

Johannes Kuhnen

# WENN SICH DIE IGEL KÜSSEN

1. Wenn sich die I-gel küs-sen, dann müs-sen, müs-sen,

müs-sen sie ganz, ganz fein be-hut-sam sein.

2. Wenn sich die Störche küssen,
dann müssen, müssen, müssen
sie ganz, ganz fein
behutsam sein.

3. Wenn Stachelschweine küssen,
dann müssen, müssen, müssen
sie ganz, ganz fein
behutsam sein.

4. Wenn Elefanten küssen,
dann müssen, müssen, müssen
sie ganz, ganz fein
behutsam sein.

5. Wenn sich die Menschen küssen,
dann müssen, müssen, müssen
sie auch ganz fein
behutsam sein.

# BACKE, BACKE KUCHEN

Bak- ke, bak- ke Ku- chen, der Bäk- ker hat ge- ru- fen:

Wer will gu- ten Ku- chen bak- ken, der muß ha- ben

sie- ben Sa- chen: Ei- er und Schmalz, But- ter und Salz,

Milch und Mehl, Saf- ran macht den Ku- chen gehl. Schieb, schieb in' O- fen 'nein.

Altes Kinderlied

# HOPPE, HOPPE REITER

Hop-pe, hop-pe Rei-ter, wenn er fällt, dann schreit er,

fällt er in den Gra-ben, fres-sen ihn die Ra-ben,

fällt er in den Sumpf, macht er ei-nen Plumps!

Text: Carl Hahn

Melodie: C. G. Hering

# HOPP, HOPP, HOPP, PFERDCHEN LAUF GALOPP

Hopp, hopp, hopp! Pferd-chen lauf Ga- lopp! Ü- ber Stock und ü- ber Stei- ne,

a- ber brich dir nicht die Bei- ne! Hopp, hopp, hopp, hopp, hopp! Pferd-chen lauf Ga- lopp!

16

Altes Kinderlied

# MORGENS FRÜH UM SECHS

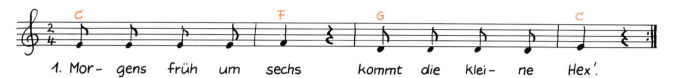

1. Mor- gens früh um sechs kommt die klei- ne Hex'.

2. Morgens früh um sieb'n
schabt sie gelbe Rüb'n.

3. Morgens früh um acht
wird Kaffee gemacht.

4. Morgens früh um neun
geht sie in die Scheun'.

5. Morgens früh um zehn
holt sie Holz und Spän'.

6. Feuert an um elf,
kocht dann bis um zwölf.

7. Frö- sche- bein und Krebs und Fisch, hur- tig Kin- der, kommt zu Tisch!

Text: volkstümlich nach H. A. Kamp (1818)

# HÄNSCHEN KLEIN

Häns- chen klein ging al- lein in die wei- te Welt hi- nein.

Stock und Hut steht ihm gut, ist gar wohl- ge- mut.

A - ber Mut- ter weint so sehr, hat ja nun kein Häns- chen mehr.

Da be- sinnt sich das Kind, läuft nach Haus ge- schwind.

Text: Heinrich Hoffmann von Fallersleben                                    Volksweise

# KUCKUCK, KUCKUCK

1. Kuckuck, Kuckuck, ruft aus dem Wald. Las-set uns sin-gen, tan-zen und sprin-gen! Früh-ling, Früh-ling wird es nun bald!

2. Kuckuck, Kuckuck
   läßt nicht sein Schrei'n:
   Komm in die Felder,
   Wiesen und Wälder!
   Frühling, Frühling,
   stelle dich ein!

3. Kuckuck, Kuckuck,
   trefflicher Held!
   Was du gesungen,
   ist dir gelungen:
   Winter, Winter
   räumet das Feld.

19

# BRUDER JAKOB

KANON ZU 4 STIMMEN

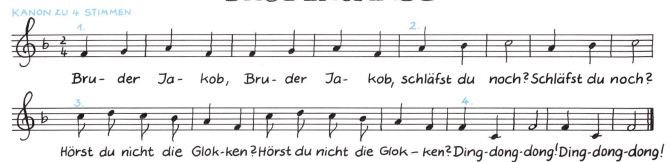

Bru- der Ja- kob, Bru- der Ja- kob, schläfst du noch? Schläfst du noch?

Hörst du nicht die Glok-ken? Hörst du nicht die Glok-ken? Ding-dong-dong! Ding-dong-dong!

Und so kann man's auch singen:

Armer Schüler, armer Schüler,
dreh dich um, dreh dich um.
Siehst du nicht den Lehrer
Siehst du nicht den Lehrer
bitsch-batsch-bumm!
bitsch-batsch-bumm!

Keine Angst, ein „Kanon"
schießt nicht – aber ihr. Bei diesem Lied
zu viert. Zuerst singt ihr alle das Lied zusammen.
Dann fängt einer an und singt: Bruder
Jakob, Bruder Jakob… Wenn der soweit ist, fängt
der Zweite an und singt dasselbe. Der Erste
singt aber weiter, und immer, wenn grad
jemand Bruder Jakob, Bruder Jakob gesungen
hat – schießt der nächste los, bis es nicht
mehr geht. Dann hört ihr alle zur
selben Zeit auf – und das ist
dann ein Kanon.

20

Überliefert

# WAS MÜSSEN DAS FÜR BÄUME SEIN

Was müs- sen das für Bäu- me sein, wo die gros- sen E-

le- fan- ten spa- zie- ren gehn, oh- ne sich zu stos- sen?

Rechts sind Bäu- me, links sind Bäu- me und da- zwi- schen Zwi- schen- räu- me,

wo die gros- sen E- le- fan- ten spa- zie- ren- gehn, oh- ne sich zu stos- sen.

# ICH
# BIN EIN
# MUSIKANTE

Volkslied aus Schwaben

# KOMMT EIN REITERSMANN DAHER

1. Kommt ein Rei-ters-mann da-her auf der grü-nen Wie-se, hat ein bun-tes Röck-lein an, neigt sich vor der Lie-se: „Jung-fer, schön-ste Jung-fer mein, tan-zen wir ein we-nig?" „Mag nicht tan-zen dan-ke-schön, wart auf ei-nen Kö-nig."

2. Kommt ein Kaufmannssohn daher
auf der grünen Wiese,
hat ein Wams von Seide an,
neigt sich vor der Liese:
„Jungfer, schönste Jungfer mein,
tanzen wir ein wenig?"
„Mag nicht tanzen, danke schön,
wart auf einen König!"

3. Kommt ein Schneiderlein daher
auf der grünen Wiese,
hat ein grünrot Röcklein an,
neigt sich vor der Liese:
„Jungfer, schönste Jungfer mein,
tanzen wir ein wenig?"
„Mag nicht tanzen, danke schön,
wart auf einen König!"

4. Liese wartet Jahr um Jahr
auf der grünen Wiese,
doch kein König kommen mag,
keiner spricht zu Liese:
„Jungfer, schönste Jungfer mein,
tanzen wir ein wenig?"
„Ach wie wär das Tanzen schön,
wär's auch grad kein König!"

5. Kommt der Schweinehirt daher,
Jochen Christoph Stoffel,
hat nicht Schuh noch Strümpfe an,
trägt nur Holzpantoffel:
„Jungfer, schönste Jungfer mein,
tanzen wir ein wenig?"
„Ach, wie wär das Tanzen schön,
wär's auch grad kein König!"

zu 5. Und der Stof- fel tanzt mit ihr, auf der grü- nen Wie- se.

Volkslied aus Schlesien

# ICH BIN EIN MUSIKANTE

1. Ich bin ein Mu- si- kan- te und komm aus Schwa-ben- land. Wir sind auch Mu- si-
kan- ten und komm'n aus Schwa-ben-land. Ich kann auch bla-sen! Wir könn'n auch bla - sen
die Trom- pe- te, die Trom- pe- te: Teng-teng te -reng, teng-teng te-reng, teng
teng te-reng, teng-teng te-reng, teng-teng te -reng, teng-teng te-reng, teng-teng te-reng.

2. *Einer:* Ich bin ein Musikante und komm aus Schwabenland.
   *Alle:* Wir sind auch Musikanten und komm'n aus Schwabenland.
   *Einer:* Ich kann auch spielen!
   *Alle:* Wir können auch spielen
   *Einer:* auf meiner Geige,
   *Alle:* auf unsrer Geige:
   Sim sim serim, sim sim serim,
   sim sim serim, sim sim serim,
   sim sim serim, sim sim serim,
   sim sim serim, sim sim.

3. *Einer:* Ich bin ein Musikante und komm aus Schwabenland.
   *Alle:* Wir sind auch Musikanten und komm'n aus Schwabenland.
   *Einer:* Ich kann auch schlagen!
   *Alle:* Wir können auch schlagen
   *Einer:* die große Trommel,
   *Alle:* die große Trommel:
   Pum pum perum, pum pum perum,
   pum pum perum, pum pum perum,
   pum pum perum, pum pum perum,
   pum pum perum, perum.

4. *Einer:* Ich bin ein Musikante und komm aus Schwabenland.
   *Alle:* Wir sind auch Musikanten und komm'n aus Schwabenland.
   *Einer:* Ich kann auch spielen!
   *Alle:* Wir können auch spielen
   *Einer:* die kleine Flöte,
   *Alle:* die kleine Flöte:
   Tü tü tü tü, tü tü tü tü,
   tü tü tü tü, tü tü tü tü,
   tü tü tü tü, tü tü tü tü,
   tü tü tü tü, tü tü.

5. *Einer:* Ich bin ein Musikante und komm aus Schwabenland.
   *Alle:* Wir sind auch Musikanten und komm'n aus Schwabenland.
   *Einer:* Ich kann auch spielen!
   *Alle:* Wir können auch spielen
   *Einer:* auf dem Klaviere,
   *Alle:* auf dem Klaviere:
   Greif hier mal hin, greif da mal hin,
   Greif hier mal hin, greif da mal hin,
   greif hier mal hin, greif da mal hin,
   greif hier mal hin, greif da.

Wenn ihr das
Lied singt, müßt ihr auch
so tun, als würdet ihr die
Instrumente spielen: Mutters
Trichter als Trompete, das
Nudelholz als Geige
(mit dem Kochlöffel zu streichen),
Kochtopf als Trommel,
kitzeln als Klavier

# ES TANZT EIN BI-BA-BUTZEMANN

Es tanzt ein Bi- Ba- But-ze-mann in un-serm Haus he- rum, di-del-dum. Es tanzt ein Bi- Ba- But-ze-mann in un-serm Haus he- rum. Er rüt- telt sich und schüt- telt sich, er wirft sein Säck-lein hin- ter sich. Es tanzt ein Bi- Ba- But- ze- mann in un- serm Haus he- rum.

# TALER, TALER, DU MUSST WANDERN

Ta-ler, Ta-ler, du mußt wan-dern von der ei-nen Hand zur an-dern, das ist schön, das ist schön, Ta-ler, laß' dich nur nicht sehn.

# HÄSCHEN IN DER GRUBE

Häs- chen in der Gru- be saß und schlief, saß und

schlief. „Ar- mes Häs- chen bist du krank, daß du nicht mehr

hüp- fen kannst? Häs- chen hüpf! Häs- chen hüpf!"

30

Volksweise

# O DU LIEBER AUGUSTIN

O du lie-ber Au-gu-stin, Au-gu-stin, Au-gu-stin, o du lie-ber
Au-gu-stin, al-les ist hin! Geld ist weg, Mädl ist weg, al-les weg,
al-les weg. O du lie-ber Au-gu-stin, al-les ist hin.

# AUF DER MAUER, AUF DER LAUER

1. Auf der Mau-er, auf der Lau-er sitzt 'ne klei-ne Wan-ze,

auf der Mau-er, auf der Lau-er sitzt 'ne klei-ne Wan-ze.

Seht euch mal die Wan-ze an, wie die Wan-ze tan-zen kann!

Auf der Mau-er, auf der Lau-er sitzt 'ne klei-ne Wan-ze.

Der Witz bei dem Lied ist, daß man beim zweiten, dritten, vierten (und so weiter) Mal von der „Wanze" immer einen Buchstaben weglassen muß, vom „Tanzen" auch. Also: Wanz - tanz, Wan - tan, usw. Wer's vergißt, muß ein Pfand abgeben

Worte: Margarete Löffler

Altes Spiellied

# DORNRÖSCHEN WAR EIN SCHÖNES KIND

1. Dorn-rös-chen war ein schö-nes Kind, schö-nes Kind, schö-nes Kind, Dorn-rös-chen war ein schö-nes Kind, schö-nes Kind.

2. Dornröschen, nimm dich ja in acht!

3. Da kam die böse Fee herein.

4. „Dornröschen, schlafe hundert Jahr!"

5. Da wuchs die Hecke riesengroß.

6. Da kam der junge Königssohn:

7. „Dornröschen, wache wieder auf!"

8. Da feiern sie das Hochzeitsfest.

9. Da jubelte das ganze Volk.

Alle fassen sich an den Händen und gehen im Kreis herum, nur Dornröschen sitzt mitten drin. Dann kommt die böse Fee heraus und bedroht Dornröschen mit der vierten Strophe. Die Kinder heben jetzt die Hände und zeigen, wie die Hecke wächst. Zum Schluß tritt Gott sei Dank der Prinz aus dem Kreis und erlöst das schöne Kind.

# EIN MOPS KAM IN DIE KÜCHE

1. Ein Mops kam in die Kü-che und stahl dem Koch ein Ei, da
nahm der Koch den Löf-fel und schlug den Mops zu Brei.

2. Da kamen viele Möpse
und gruben ihm ein Grab
und setzten ihm ein' Grabstein,
auf dem geschrieben stand:

3. Ein Mops kam in die Küche . . .
(Und so geht es immer wieder
von vorn, bis es keiner
mehr aushalten kann.)

Auf dieselbe Melodie
zu singen:

## Mein Hut, der hat drei Ecken

Mein Hut, der hat drei Ecken,
drei Ecken hat mein Hut.
Und hätt' er nicht drei Ecken,
so wär es nicht mein Hut.

Beim zweiten und dritten Mal singen
muß man möglichst viele Worte weglassen
und statt dessen nur Zeichen machen. Dazu
summt man bloß „mmh, mmh....". Wer
einen Fehler macht, muß ein
Pfand abgeben.

Deutsche Worte: Jürgen Schöntges

Amerikanisches Volkslied

# BIENEN IM HONIGGLAS

Skip to My Lou

1. Bie-nen im Ho-nig-glas, wei-oh-wei! Bie-nen im Ho-nig-glas, wei-oh-wei!

Bie-nen im Ho-nig-glas, wei-oh-wei! Hüpf a-an mei-ne Sei-te. Hab'

kei-ne Angst, sie ste-chen nicht, hab' kei-ne Angst, sie ste-chen nicht, hab'

kei-ne Angst, sie ste-chen nicht! Bleib' a-an mei-ner Sei-te.

2. Freundin weg,* wei-oh-wei,
   Freundin weg, Glück vorbei,
   Freundin weg, wei-oh-wei,
   komm in meine Arme!
   Oh, wie schön, sie ist wieder da! (3 mal)
   Hüpf an ihre Seite!

3. Freundin weint,** wei-oh-wei,
   Freundin weint, Spaß vorbei,
   Freundin weint, wei-oh-wei,
   Nimm sie in die Arme!
   Da freut sie sich, weint gar nicht mehr! (3 mal)
   Hüpft an deine Seite.

4. Alle klatschen, eins-zwei-drei,
   Drehen sich im Kreis dabei,
   Alle rufen, hei-juch-hei,
   Hopsen hoch zusammen.
   Ein Hopser vor, eins zurück,
   ein Hopser vor, zwei zurück,
   ein Hopser vor, drei zurück!
   Honigglas fällt runter!

Dazu soll man tanzen!

* oder: Freund ist weg
** oder: Freund, der weint

# ZUM GEBURTSTAG VIEL GLÜCK

## Happy Birthday

Zum Ge- burts-tag viel Glück, zum Ge- burts-tag viel Glück, zum Ge-
burts- tag lie - be An- ne*, zum Ge- burts- tag viel Glück.

\* oder wer sonst gerade Geburtstag hat

36

Deutsche Worte: Jürgen Schöntges

Englisches Volkslied

# DER ANDY HAT HEUTE GEBURTSTAG

For He's a Jolly Good Fellow

Der An- dy* hat heu-te Ge-burts-tag, der An-dy hat heu-te Ge-burts-tag, der

An- dy hat heu-te Ge- burts- tag, und wir gra-tu- lie- ren ihm sehr. Wir

gra-tu- lie- ren sehr, wenn's Ku- chen gibt noch mehr. Denn der

An- dy hat heu- te Ge- burts-tag, der An- dy hat heu- te Ge- burts-tag, der

An- dy hat heu- te Ge- burts- tag, und wir gra-tu- lie- ren ihm sehr.

# OLD MAC DONALD HAT EIN HAUS

Deutsche Worte: Jürgen Schöntges

Altes schottisches Lied

# OLD MAC DONALD HAT EIN HAUS

Old MacDonald Had a Farm

1. Old Mac Do-nald hat ein Haus, hi – a – hi – a – ho. Da schaut ein Hund zum

Fen- ster raus, hi – a – hi – a – ho. Der macht wau, wau hier und macht

wau, wau da, hier mal wau, da mal wau, ü- ber- all machts wau, wau!

Old Mac Do – nald hat ein Haus, hi – a – hi – a – ho.

2. Pferd – ihh, ihh . . .  3. Maus – piep, piep . . .  4. Gans – quack, quack . . .

5. Schwein – quiek, quiek . . .  6. Kuh – muh, muh . . .  7. Huhn – gacker, gacker . . .

und so weiter!

41

Text: Heinrich Hoffmann von Fallersleben

Schlesische Volksweise

# ALLE VÖGEL SIND SCHON DA

1. Al-le Vö-gel sind schon da, al-le Vö-gel al-le.

Welch ein Sin-gen, Mu- si-ziern, Pfei-fen, Zwit-schern, Ti- ri-liern:

Früh-ling will nun ein- mar-schiern, kommt mit Sang und Schal-le.

2. Wie sie alle lustig sind,
flink und froh sich regen!
Amsel, Drossel, Fink und Star
und die ganze Vogelschar
wünschen dir ein frohes Jahr,
lauter Heil und Segen.

3. Was sie uns verkünden nun,
nehmen wir zu Herzen:
Wir auch sollen lustig sein,
lustig wie die Vögelein,
hier und dort, feldaus, feldein,
singen, springen, scherzen.

# EIN VOGEL WOLLTE HOCHZEIT MACHEN

1. Ein Vo-gel woll-te Hoch-zeit ma-chen in dem grü-nen Wal-de. Fi-de-ra - la- la, fi-de - ra- la-la, fi-de - ra- la- la- la - la.

2. Die Drossel ist der Bräutigam,
   die Amsel ist die Braute.

3. Der Sperber, der Sperber,
   der ist der Hochzeitswerber.

4. Der Seidenschwanz, der Seidenschwanz,
   der bringt der Braut den Hochzeitskranz.

5. Die Lerche, die Lerche,
   die bringt die Braut zur Kerche.

6. Der Auerhahn, der Auerhahn,
   der ist der würd'ge Herr Kaplan.

7. Die Meise, die Meise,
   die singt das Kyrieleise.

8. Die Gänse und die Anten,
   die sind die Musikanten.

9. Der Pfau mit seinem bunten Schwanz,
   der führt die Braut zum Hochzeitstanz.

10. Das Finkelein, das Finkelein,
    das führt das Paar ins Kämmerlein.

11. Brautmutter ist die Eule,
    nimmt Abschied mit Geheule.

12. Frau Kratzefuß, Frau Kratzefuß,
    gibt allen einen Abschiedskuß.

13. Der Uhu, der Uhu,
    der macht die Fensterläden zu.

14. Der Hahn, der krähet: Gute Nacht.
    Dann wird die Kammer zugemacht.

15. Nun ist die Vogelhochzeit aus,
    und alle ziehn vergnügt nach Haus.

Die Fledermaus,
die Fledermaus,
die knipst das
Nachttischlämpchen
aus!

Fredrik Vahle (nach einer griechischen Volksweise)

Musik: Mikis Theodorakis

# DER HASE AUGUSTIN

1. Es war ein-mal ein Ha-se, der hieß Au-gu-stin und lief un-glaub-lich schnell. Wenn der so durch die Ge-gend lief und sei-ne fi-xen Ha-ken schlug, dann blie-ben al-le Leu-te stehn, um Au-gu-stin zu sehn. Seht mal wer da rennt, seht mal, wer da rennt, das ist wohl der Au-gu-stin, das Na-tur-ta-lent.

2. Augustin, der flitzte,
sprang über manche Pfütze
und aß gern Rosenkohl.
Doch kam der Gärtner angerannt,
schon war der schnelle Hase weg,
der Gärtner stand im Rosenkohl
und staunte gar nicht schlecht.
Dreimal Sapperment,
dreimal Sapperment,
das ist wohl der Augustin,
das Naturtalent.

3. Einmal kam ein Jäger,
ein dicker, fetter Jäger,
Herr Schlamm aus Düsseldorf,
der hatte sich 'ne Jagd gekauft
und wollte jetzt auf Hasen gehn,
da kommt schon einer angerannt,
Herr Schlamm hat ihn erkannt:
Dreimal Sapperment,
dreimal Sapperment,
das ist wohl der Augustin,
das Naturtalent.

4. Herr Schlamm nahm seine Flinte,
die knallte los und stank,
schon flitzt der Hase weg.
Die Kugel hinterher
doch der Hase war zu schnell,
die Kugel fiel in 'n Dreck
und Herr Schlamm, der schimpfte
Dreimal Sapperment,                [sehr:
dreimal Sapperment,
das war wohl der Augustin,
das Naturtalent.

5. Augustin war stolz,
er trug die Nase hoch
und einen Orden auch.
Er wurde Landesmeister gar
im großen Zickzackdauerlauf
und bei der Ehrenrunde
sangen alle Mann ganz laut:
Seht mal, wer da rennt,
seht mal, wer da rennt,
das ist wohl der Augustin,
das Naturtalent.

Altes Volkslied

# WIDELE, WEDELE

Wi - de - le, we - de - le, hin - term Stä - de - le hält der Bet - tel - mann Hoch - zeit.

Pfei - fet das Mäu - se - le, tanzt das Läu - se - le, schlägt das J - ge - le Trom - mel.

Al - le Tie - re, die We - de - le ha - ben, sol - len zur Hoch - zeit kom - men.

Wi - de - le, we - de - le, hin - term Stä - de - le hält der Bet - tel - mann Hoch - zeit.

Fredrik Vahle

(nach dem alten amerikanischen Lied
„Froggie Went A' Courtin'")

# DER FROSCH ZOG HEMD UND HOSE AN

1. Der Frosch zog Hemd und Ho-se an, a-ha, a-ha. Der Frosch zog Hemd und

Ho-se an und reckt sich wie ein Su-per-mann, a-ha, a-ha.

2. Dann hüpft er zu dem Mauseloch, aha, aha!
Dann hüpft er zu dem Mauseloch
und küßt die Maus, die liebt ihn doch, aha, aha!

3. Die Maus sagt: Du bist naß und grün, aha, aha!
Die Maus sagt: Du bist naß und grün,
jedoch du quakst so wunderschön, aha, aha!

4. Dann holt sie ihren Federhut, aha, aha!
Dann holt sie ihren Federhut,
der steht ihr aber wirklich gut! Aha, aha!

5. Wo feiern wir? Ich freu' mich schon, aha, aha!
Wo feiern wir? Ich freu' mich schon.
In einem alten Pappkarton, aha, aha!

6. Die ersten Gäste kamen an, aha, aha!
Die ersten Gäste kamen an,
Rabe, Hamster, Spatz und Hahn, aha, aha!

7. Der Rabe stakste steif herein, aha, aha!
Der Rabe stakste steif herein
und rief sogleich: „Wo bleibt der Wein?" Aha, aha!

8. Der Hamster ist heut sehr galant, aha, aha!
Der Hamster ist heut sehr galant,
er schüttelt jedermann die Hand, aha, aha!

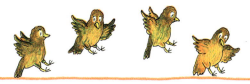

9. Der Spatz, der hüpft im Zickzack ran, aha, aha!
   Der Spatz der hüpft im Zickzack ran,
   weil er vortrefflich hüpfen kann, aha, aha!

10. Der Hahn stolzierte stolz heran, aha, aha!
    Der Hahn stolzierte stolz heran
    und kräht, so laut er krähen kann, aha, aha!

11. Und dann kam Onkel Ratte rein, aha, aha!
    Und dann kam Onkel Ratte rein,
    der trank sein Bier und schlief gleich ein, aha, aha!

12. Der Frosch quakt seinen schönsten Ton, aha, aha!
    Der Frosch quakt seinen schönsten Ton,
    da wackelte der Pappkarton! Aha, aha!

13. Der Kater Karlo hörte das, aha, aha!
    Der Kater Karlo hörte das
    und schlich sich ran durchs hohe Gras, aha, aha!

14. Die Maus rief: Guck, der Kater kommt, aha, aha!
    Die Maus rief: Guck, der Kater kommt,
    jetzt alle Mann den Fürchteton! Aha, aha!

15. Und da kam aus dem Pappkarton, aha, aha!
    Und da kam aus dem Pappkarton
    ein wirklich fürchterlicher Ton! Aha, aha!

16. Das quietschte, und das pfiff und schrie, aha, aha!
    Das quietschte, und das pfiff und schrie,
    der Kater rannte weg – und wie! Aha, aha!

17. Er warnte seinen kleinen Sohn, aha, aha!
    Er warnte seinen kleinen Sohn
    vor dem Gespenst im Pappkarton, aha, aha!

18. Die Tiere in dem Pappkarton, aha, aha!
    Die Tiere in dem Pappkarton,
    die tanzten, bis sie müde warn
    und bis das Fest sein Ende nahm, aha, aha!

# FUCHS, DU HAST DIE GANS GESTOHLEN

1. Fuchs, du hast die Gans ge-stoh-len, gib sie wie-der her, gib sie wie-der her. Sonst wird dich der Jä-ger ho-len mit dem Schieß-ge-wehr —— . Sonst wird dich der Jä-ger ho-len mit dem Schieß-ge-wehr.

2. Seine große lange Flinte
   schießt auf dich das Schrot;
   daß dich färbt die rote Tinte,
   und dann bist du tot.

3. Liebes Füchslein, laß dir raten,
   sei doch nur kein Dieb;
   nimm, statt mit dem Gänsebraten,
   mit der Maus vorlieb.

# AUF EINEM BAUM EIN KUCKUCK SASS

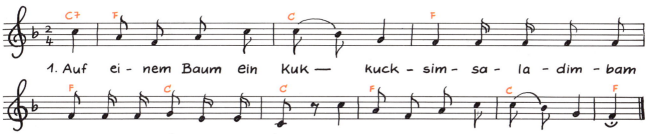

1. Auf ei - nem Baum ein Kuk — kuck - sim - sa - la - dim - bam
ba - sa - la - du - sa - la - dim - auf ei - nem Baum ein Kuk — kuck saß.

2. Da kam ein junger Jäger –
simsaladim bamba . . .
da kam ein junger Jägersmann.

3. Der schoß den armen Kuckuck –
simsaladim bamba . . .
der schoß den armen Kuckuck tot.

4. Und als ein Jahr vergangen –
simsaladim bamba . . .
und als ein Jahr vergangen war.

5. Da war der Kuckuck wieder –
simsaladim bamba . . .
da war der Kuckuck wieder da.

49

# FRÜHLING, SOMMER, HERBST UND WINTER

# DER WINTER IST VERGANGEN

1. Der Win-ter ist ver-gan-gen, ich seh des Mai-en Schein, ich seh die Blüm-lein

pran-gen, des ist mein Herz er-freut! So fern in je-nem Ta-le, da

ist gar lu-stig sein, da singt die Nach-ti-gal-le und manch Wald-vö-ge-lein.

2. Ich geh, ein' Mai zu hauen,
   hin durch das grüne Gras,
   schenk meinem Buhl die Treue,
   die mir die Liebste was,
   und bitt, daß sie mag kommen,
   all vor dem Fenster stahn,
   empfang'n den Mai mit Blumen,
   er ist gar wohlgetan.

# WINTER, ADE

1. Win-ter a - de! Schei-den tut weh. A- ber dein Schei - den macht,

daß mir das Her- ze lacht! Win- ter a - de! Schei-den tut weh!

2. Winter, ade! Scheiden tut weh.
   Gerne vergeß' ich dein,
   kannst immer ferne sein.
   Winter, ade! Scheiden tut weh.

3. Winter, ade! Scheiden tut weh.
   Gehst du nicht bald nach Haus,
   lacht dich der Kuckuck aus.
   Winter, ade! Scheiden tut weh.

Volkslied aus Franken

# JETZT FÄNGT DAS SCHÖNE FRÜHJAHR AN

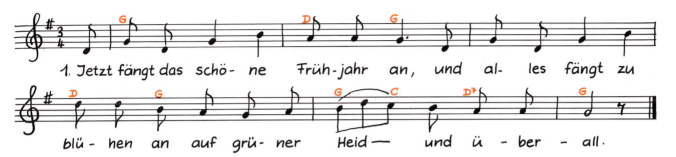

1. Jetzt fängt das schö-ne Früh-jahr an, und al-les fängt zu blü-hen an auf grü-ner Heid — und ü-ber-all.

2. Es blühen Blümlein auf dem Feld,
   sie blühen weiß, blau, rot und gelb,
   es gibt nichts Schöners auf der Welt.

3. Jetzt geh ich über Berg und Tal,
   da hört man schon die Nachtigall
   auf grüner Heid und überall.

# ES TÖNEN DIE LIEDER

Es tö - nen die Lie - der, der Früh - ling kehrt wie - der, es
spie- let der Hir- te auf sei - ner Schal - mei: la
la la la la la la la la la la la la la la la.

56

Volkslied

# IM MÄRZEN DER BAUER

1. Im Mär- zen der Bau- er die Röß- lein ein- spannt; er setzt sei- ne
Fel- der und Wie- sen in- stand. Er pflü- get den Bo- den, er
eg- get und sät und rührt sei- ne Hän- de früh- mor- gens und spät.

2. Die Bäurin, die Mägde, sie dürfen nicht ruhn,
sie haben im Haus und im Garten zu tun;
sie graben und rechen und singen ein Lied
und freun sich, wenn alles schön grünet und blüht.

3. So geht unter Arbeit das Frühjahr vorbei;
dann erntet der Bauer das duftende Heu;
er mäht das Getreide, dann drischt er es aus;
im Winter, da gibt es manch fröhlichen Schmaus.

Text: Christian A. Overbeck

Musik: Wolfgang Amadeus Mozart

# KOMM, LIEBER MAI UND MACHE

1. Komm, lie-ber Mai und ma-che die Bäu-me wie-der grün, und laß mir an dem Ba-che die Klei-nen Veil-chen blühn! Wie möcht ich doch so ger-ne ein Veil-chen wie-der-sehn, ach lie-ber Mai, wie ger-ne ein-mal spa-zie-ren gehn!

2. Ach, wenn's doch erst gelinder
und grüner draußen wär!
Komm, lieber Mai, wir Kinder,
wir bitten gar zu sehr.
O komm und bring vor allem
uns viele Veilchen mit,
bring auch viel Nachtigallen
und schöne Kuckucks mit.

Im Mai,
da blüht's und sprüht's,
da verlieben sich
viele Leute.
Das hat dieser Mozart
alles in seiner Musik
mit drin!

58

# DER MAI IST GEKOMMEN

Der Mai ist ge-kom-men, die Bäu-me schla-gen aus. Da blei-bet, wer

Lust hat, mit Sor - gen zu Haus. Wie die Wol – ken dort wan- dern am

himm- li - schen Zelt, so steht mir der Sinn in die wei-te, wei-te Welt.

Der Mai ist gekommen, die Bäume schlagen aus;
Da reißt ein jedes Kind wohl aus seiner Schule aus.
Der Lehrer verzweifelt, er denkt in seiner Not:
Da ist nichts dran zu machen, der Erste Mai ist rot.

Mit dieser Umdichtung
haben Berliner Kinder im Jahre
1928 schulfrei für den
1. Mai gefordert
(erfolgreich).

Fredrik Vahle

# ZUM 1. MAI

1. Vom Mo-nat Mai der An-fang, das ist der er-ste Mai. Da gibt's in den Fa-
bri-ken und auch wo-an-ders frei. Das kam nicht von al-lei-ne. Den
schö-nen er-sten Mai, den kämpf-ten vie-le Ar-bei-ter zu ih-rem Ta-ge frei.

2. Sie zogen dann gemeinsam
durch manch graue Stadt,
damit von ihnen jeder
eine gute Zukunft hat.
Damit kein Mensch am Tage
zwölf Stunden Arbeit hat,
erkämpften sie gemeinsam
sich den Achtstundentag.

3. In Warschau und in Stockholm,
in Helsinki und Rom,
in München und in Hamburg
ist Maidemonstration.
Das macht ihn so erfreulich,
den ersten Tag im Mai.
Und wer mit uns nach vorne blickt
ist feste mit dabei.

Text: Matthias Claudius (1773)

Melodie: Johannes A. Schulz (1790)

# DER MOND IST AUFGEGANGEN

1. Der Mond ist auf-ge-gan-gen, die gold-nen Stern-lein pran-gen am Him-mel hell und klar, der Wald steht schwarz und schwei-get, und aus den Wie-sen stei-get der wei-ße Ne-bel wun-der-bar.

2. Wie ist die Welt so stille
und in der Dämmrung Hülle
so traulich und so hold
als eine stille Kammer,
wo ihr des Tages Jammer
verschlafen und vergessen sollt.

3. Seht ihr den Mond dort stehen?
Er ist nur halb zu sehen
und ist doch rund und schön.
So sind wohl manche Sachen,
die wir getrost belachen,
weil unsre Augen sie nicht sehn.

Altes Sankt-Martins-Lied

# LATERNE, LATERNE

La - ter- ne, La - ter - ne, Son - ne, Mond und Ster - ne! Ma - chet

aus das Licht, ma-chet aus das Licht, a - ber nur mei-ne lie - be La - ter-ne nicht!

Text: nach Hedwig Haberkorn                                        Altes Kinderlied

# SCHNEEFLÖCKCHEN, WEISSRÖCKCHEN

1. Schnee-flöck-chen, Weiß-röck-chen, wann kommst du ge-schneit? Du
wohnst in den Wol-ken, dein Weg ist so weit.

2. Komm, setz dich ans Fenster,
du lieblicher Stern,
malst Blumen und Blätter,
wir haben dich gern.

3. Schneeflöckchen, du deckst uns
die Blümelein zu,
dann schlafen sie sicher
in himmlischer Ruh.

4. Schneeflöckchen, Weißröckchen,
komm zu uns ins Tal,
dann baun wir den Schneemann
und werfen den Ball.

5. Schneeflöckchen, Weißröckchen,
du Wintervöglein,
willkommen, willkommen
bei groß und bei klein.

# KENNT IHR DIE GESCHICHTE?

überliefert

# KENNT IHR DIE GESCHICHTE

KANON ZU 3 STIMMEN

Kennt ihr die Ge- schich- te von dem Mord im Schloß,

wo das Blut in Strö- men die Trep- pe run- ter- floß? Der

Kopf ist ab, der Kopf ist ab, der Kopf, der Kopf, der Kopf ist ab!

Text: James Krüss

Musik: Frieder Schuckall

# DER ZAUBERER KORINTHE

1. Es leb- te einst ein Zau- be- rer Ko - ri, Ko- ra, Ko- rin -the. Der saß in ei - nem Tin- ten-faß und zau-ber-te mit Tin - te, der saß in ei - nem Tin- ten-faß und zau- ber- te mit Tin - te.

2. Wenn jemand damit Briefe schrieb
   Und schmi und schma und schmollte,
   Dann schrieb er etwas anderes,
   Als was er schreiben wollte.

3. Einst schrieb der Kaiser Fortunat
   Mit Sie, mit Sa, mit Siegel:
   Der Kerl, der mich verspottet hat,
   Kommt hinter Schloß und Riegel!

4. Doch hinterher las man im Brief,
   Vergni, vergna, vergnüglich:
   Der Kerl, der mich verspottet hat,
   Der dichtet ganz vorzüglich!

5. Da schmunzelte der Zauberer
   Kori, Kora, Korinthe
   Und schwamm durchs ganze Tintenfaß
   Und trank ein bißchen Tinte.

6. Ein andres Mal schrieb Archibald,
   Der Di, der Da, der Dichter:
   Die Rosen haben hierzuland
   So zärtliche Gesichter!

7. Er hat von Ros- und Lilienhaar
   Geschrie, geschra, geschrieben;
   Doch als das Liedlein fertig war,
   Erzählte es von – Rüben.

8. Da schmunzelte der Zauberer
   Kori, Kora, Korinthe
   Und schwamm durchs ganze Tintenfaß
   Und trank ein bißchen Tinte.

9. Heut schrieb der Kaufmann Steenebarg
   Aus Bri, aus Bra, aus Bremen
   An seinen Sohn in Dänemark:
   Du solltest dich was schämen!

10. Doch als der Brief geschrieben war
    Mit Schwi, mit Schwa, mit Schwunge,
    Da stand im Brief: Mein lieber Sohn,
    Du bist ein guter Junge!

11. Da schmunzelte der Zauberer
    Kori, Kora, Korinthe
    Und schwamm durchs ganze Tintenfaß
    Und trank ein bißchen Tinte.

12. Und wer das Lied nicht glauben will
    Vom Schri, vom Schra, vom Schreiben,
    Der ist wahrscheinlich selber schuld
    Und läßt es eben bleiben!

Peter Yarrow/Leonard Lipton

Deutsche Worte: Jürgen Schöntges

# SCHNAPP, DER WILDE DRACHE

Puff the Magic Dragon

1. Schnapp, der wil- de Dra- che, leb- te auf dem Meer und trieb sich zwi-schen
Ham-burg und Ta- hi- ti hin und her. Fritz, der klei- ne Schlin-gel, moch-te Schnapp sehr
gern und brach- te ihm 'ne Schleu-der mit, 'ne Schnur und 'ne La- tern.
Schnapp, der wil- de Dra - che, leb- te auf dem Meer und trieb sich zwi - schen
Ham-burg und Ta- a- hi- ti hin und her. Schnapp, der wil-de Dra-che leb-te auf dem
Meer und trieb sich zwi-schen Ham-burg und Ta- a- hi- ti hin und her.

70

2. So reisten sie dann beide,
   ganz ohne Segelschiff,
   von Hamburg bis nach nirgendwo
   um Klippen und um Riff.
   Könige verneigten sich,
   Piraten gaben auf,
   wenn nicht, dann brüllte Schnapp ganz laut
   und Fritz saß auf ihm drauf.

3. So 'n Drache, der lebt ewig,
   doch Fritzchen wurde groß;
   Schleuder, Schnur und Segelschiff,
   das langweilte ihn bloß.
   Und eines Tags geschah es:
   Fritz ging nicht mehr ans Meer
   Da brüllte Schnapp der Drache laut
   und ärgerte sich sehr.

4. Dann wurde Schnapp sehr traurig,
   schlapp hing der Schwanz von Schnapp,
   schwamm nicht mehr zwischen
   Hamburg und Tahiti auf und ab.
   Ganz ohne einen Freund
   war Schnapp jetzt ganz allein,
   so sank er auf den Meeresgrund,
   er schnarchte und schlief ein – und träumte:

5. „Schnapp der wilde Drache …"

Deutscher Text: überliefert

Amerikanische Volksballade

# JESSE JAMES

1. Und der Glen-dale-Ex-preß, der stopp-te im Wald. Der Chef gab kein Par-don. Jes-se

James schoß ein Loch al-len Snobs in den Bauch, und im We-sten kennt je-der den Song. Wer

fragt nach Jes-se James? Sein Weib blieb al-lein, drei Kin-der wer's ver-gaß. Es war

Sam-stag als der Schuft kam und Jes-se aufs Korn nahm, und Jes-se, der Chef biß ins Gras.

2. Für die Armen im Dreck brach Jesse die Bank; Chicago, nachts um vier.
Trug das Geld aus der Stadt, denn er sah es nicht an, dieses Elend im Armenquartier.
Wer fragt...

3. Robby Ford hieß der Hund, der feigste der Gang. Die Zeitung schrie es aus.
Wie ein Dieb in der Nacht tat er's schnöde für Geld, denn er wußte den Jesse zu Haus.
Wer fragt...

Text: Bert Brecht

Musik: Kurt Weill

# DIE MORITAT VON MACKIE MESSER

1. Und der Hai-fisch —, der hat Zäh-ne —, und die trägt er — im Ge-sicht, und Mac-heath, der — hat ein Mes-ser — , doch das Mes-ser —sieht man nicht.

2. Ach, es sind des Haifischs Flossen
rot, wenn dieser Blut vergießt!
Mackie Messer trägt 'nen Handschuh
drauf man keine Untat liest.

3. An der Themse grünem Wasser
fallen plötzlich Leute um!
Es ist weder Pest noch Cholera,
doch es heißt: Macheath geht um.

4. An 'nem schönen blauen Sonntag
liegt ein toter Mann am Strand,
und ein Mensch geht um die Ecke,
den man Mackie Messer nennt.

5. Und Schmul Meier bleibt verschwunden
und so mancher reiche Mann
und sein Geld hat Mackie Messer,
dem man nichts beweisen kann.

Altes Küchenlied

# SABINCHEN WAR EIN FRAUENZIMMER

1. Sa- bin- chen war ein Frau-en-zim- mer, gar hold und tu- gend-haft. Sie
leb- te treu und red-lich im- mer bei ih- rer Dienst-herr-schaft. Da
kam aus Treu- en- briet- zen ein jun- ger Mann da- her. Der
woll- te Sa- bin-chen so ger- ne be- sit -zen und war ein Schuh-ma- cher.

2. Sein Geld hat dieser Kerl versoffen
in Schnaps und auch in Bier.
Da kam er zu Sabinchen geloffen
und wollte welchs von ihr.
Sie konnt ihm keines geben,
da stahl er auf der Stell
von ihrer guten Dienstherrschaft
sechs silberne Blechlöffel.

3. Jedoch nach achtzehn Wochen,
da kam der Diebstahl raus.
Da jagte man mit Schimpf und Schande
Sabinchen aus dem Haus.
Sie rief: „Verfluchter Schuster,
du rabenschwarzer Hund!"
Da nahm er sein Rasiermesser
und schnitt ihr ab den Schlund.

4. Das Blut zum Himmel sprihitzte,
Sabinchen fiel gleich um.
Der böse Schuster aus Treuenbrietzen,
der stand um ihr herum.
In einem dunklen Keller
bei Wasser und bei Brot,
da hat er endlich eingestanden,
die grausige Moritot.

5. Und die Moral von der Geschichte:
Trau keinem Schuster nicht!
Der Krug, der geht solange zu Wasser,
bis daß der Henkel bricht.
Der Henkel ist zerbrochen,
er ist für immer ab,
und unser Schuster muß nun sitzen
bis an das kühle Grab!

Als es noch keine
Radios gab, haben die
Dienstmädchen solche
Lieder in der Küche
gesungen. Die Lieder
waren meistens
sehr traurig
und trieften
vor Blut.

# EIN MANN, DER SICH KOLUMBUS NANNT'

1. Ein Mann, der sich Ko-lum-bus nannt', wi-de-wi-de-witt bum bum, war
in der Schiff-fahrt wohl-be-kannt, wi-de-wi-de-witt bum bum. Es
drück-ten ihn die Sor-gen schwer, er such-te neu-es Land im Meer.
Glo-ri-a, Vik-to-ri-a, wi-de-wi-de-witt-juch-hei-ras-sa,
Glo-ri-a, Vik-to-ri-a, wi-de-wi-de-witt, bum, bum!

2. Als er den Morgenkaffee trank,
   da rief er fröhlich: „Gott sei Dank!"
   Denn schnell kam mit dem ersten Tram
   der spansche König zu ihm an.
   Gloria …

3. „Kolumbus", sprach er, „lieber Mann,
   du hast schon manche Tat getan.
   Eins fehlt noch unserer Gloria:
   entdecke mir Amerika!"
   Gloria …

4. Gesagt, getan, ein Mann, ein Wort,
   am selben Tag fuhr er noch fort.
   Und eines Morgens schrie er: „Land!!
   Wie deucht mir alles so bekannt."
   Gloria …

5. Das Volk an Land stand stumm und zag.
   Da sagt Kolumbus: „Guten Tag!
   Ist hier vielleicht Amerika?"
   Da schrien alle Wilden: „Ja!!!"
   Gloria …

6. Die Wilden waren sehr erschreckt
   und schrien all': „Wir sind entdeckt!"
   Der Häuptling rief ihm: „Lieber Mann,
   alsdann bist du Kolumbus dann!"
   Gloria …

Karl Valentin

# DIE ALTEN RITTERSLEUT

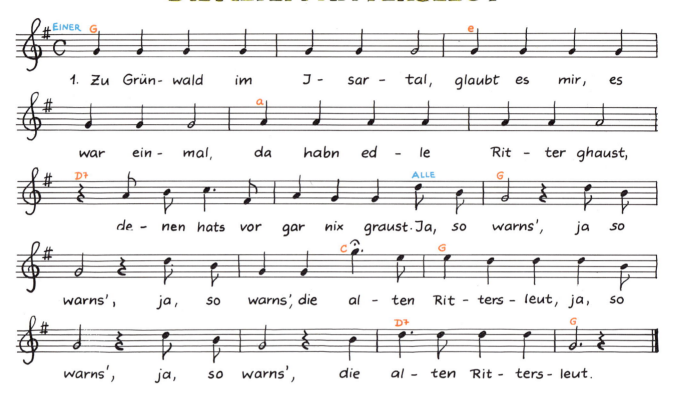

1. Zu Grün- wald im J- sar- tal, glaubt es mir, es
war ein- mal, da habn ed- le Rit- ter ghaust,
de- nen hats vor gar nix graust. Ja, so warns', ja so
warns', ja, so warns', die al- ten Rit- ters- leut, ja, so
warns', ja, so warns', die al- ten Rit- ters- leut.

2. Gsuffa habn s' und dös net wia
aus die Eimer Wein und Bier,
habn s' dann als zammgsuffa ghabt,
dann san s' unterm Tisch drunt gflackt.
Ja, so warn s' . . .

3. Hatt ein Ritter den Katarrh,
damals warn die Mittel rar,
er hat der Erkältung trotzt,
er hat gräuschpert, gschnäuzt und grotzt.
Ja, so warn s' . . .

4. So ein früh'rer Rittersmann
hatte so viel Eisen an,
die meisten Ritter, i muaß sagn,
hat deshalb da Blitz daschlagn.
Ja, so warn s' . . .

5. Zu Grünwald die Rittersleut'
lebn nicht mehr seit langer Zeit,
nur die Geister von densölben
spuken nachts in den Gewölben.
Ja, so warn s' . . .

Deutsche Worte: Jürgen Schöntges

Alter amerikanischer Negro-Spiritual

# JOSHUA

1. Joshua siegte in der Schlacht von Jericho, Jericho, Jericho,
Joshua siegte in der Schlacht von Jericho, und die Mauern stürzten ein.
Nicht einmal der König von Gideon oder selbst auch König Saul: Keiner
war so stark wie Joshua in der Schlacht von Jericho.

2. Hoch auf die Mauern von Jericho
stieg er mit dem Speer in der Hand,
Los, blast zum Angriff, rief Joshua laut,
denn ich hab' die Schlacht in der Hand.
Da wurden alle Hörner geblasen.
Die Kinder begannen zu schrein.
Und durch das Schmettern der Trompeten
stürzten alle Mauern ein.

In diesem Lied
wird eine der beliebtesten Angriffs-
techniken der schwachen Menschen beschrieben:
Krach machen, bis es keiner mehr aushält. Na ja -
ihr kennt das ja sicher selbst. Zum Singen: Es ist gerade
in den Strophen der Negro Spirituals oft nicht möglich
jeder Silbe eine Note vorzuschreiben. Die Bibeltexte
wurden von den Vorsängern frei     vorgetragen, deswegen muß
man sich manchmal etwas     anstrengen, den Text
unterzubringen.

77

Text: überliefert/Felicitas Kukuck

Melodie: Felicitas Kukuck

# ES FÜHRT ÜBER DEN MAIN

1. Es führt ü-ber den Main ei-ne Brük-ke von Stein, wer da rü-ber will gehn, muß im Tan-ze sich drehn. Fa-la-la-la-la, fa-la-la-la.

2. Kommt ein Fuhrmann daher,
hat geladen gar schwer,
seiner Rösser sind drei,
und sie tanzen vorbei.
Falala . . .

3. Und ein Bursch ohne Schuh
und in Lumpen dazu,
als die Brücke er sah,
ei wie tanzte er da.
Falala . . .

4. Kommt ein Mädchen allein
auf die Brücke von Stein,
faßt ihr Röckchen geschwind,
und sie tanzt wie der Wind.
Falala . . .

5. Und der König in Person
steigt herab von seinem Thron,
kaum betritt er das Brett,
tanzt er gleich Menuett.
Falala . . .

6. Liebe Leute, herbei!
Schlagt die Brücke entzwei!
Und sie schwangen das Beil,
und sie tanzten derweil.
Falala . . .

7. Alle Leute im Land
kommen eilig gerannt:
Bleibt der Brücke doch fern,
denn wir tanzen so gern.
Falala . . .

8. Es führt über den Main
eine Brücke von Stein,
wir fassen die Händ,
und wir tanzen ohn End.
Falala . . .

Volkslied aus Schwaben

# AUF DE SCHWÄBSCHE EISEBAHNE

1. Auf de schwäb-sche Ei - se - bah-ne gibts gar vie - le Halt-sta-tio-ne:

Schtue-gart, Ulm und Bi - be - rach, Mek-ke - beu - re, Dur-les-bach!

Rul - la, rul - la, rul - la - la, rul - la, rul - la, rul - la - la,

Schtue-gart, Ulm und Bi - be - rach, Mek-ke - beu - re, Dur-les-bach!

2. Auf de schwäbsche Eisebahne,
wollt amal a Bäurle fahre,
geht an Schalter, lupft de Hut:
„Oi Billetle, seid so gut!"
Rulla, rulla . . .

3. Eine Geiß hat er sich kaufet,
und daß die ihm nit entlaufet,
bindet sie de guete Ma
hinte an de Wage a.
Rulla, rulla . . .

4. „Böckle, tu nuer woidle springe,
s Futter werd i dir scho bringe."
Setzt si zu seim Weible na
und brennts Tabakspfeifle a.
Rulla, rulla . . .

5. Auf de nächste Statione,
wo er will sei Böckle hole,
findt er nur noch Kopf und Soil
an dem hintre Wagetoil.
Rulla, rulla . . .

6. Do kriegt er en große Zorne,
nimmt den Kopf mitsamt dem Horne,
schmeißt en, was er schmeiße ka,
dem Konduktör an Schädel na:
Rulla, rulla . . .

7. „So, du kannst de Schade zahle,
warum bist so schnell gefahre!
Du alloin bist schuld dara,
daß i d'Goiß verlaure ha!"
Rulla, rulla . . .

8. So, jetzt wär das Lied gesunge,
s hätt euch wohl in d'Ohre geklunge.
Wers no nit begreife ka,
fangts no mal von vorne a!
Rulla, rulla . . .

Text: Fritz Grasshoff

Musik: Jürgen Schöntges

# DIE WINDE DES HERRN PRUNZELSCHÜTZ

1. Das war Herr Prunz von Prun-zel-schütz. Der saß auf sei-nem Rit-ter-sitz mit Man-nen und Ge-sin-de in-mit-ten sei-ner Win-de.

2. Die strichen, wo er ging und stand,
vom Hosenleder übers Land
und tönten wie Gewitter.
So konnte es der Ritter.

3. Zu Augsburg einst, auf dem Turnier,
bestieg er umgekehrt sein Tier,
den Kopf zum Pferdeschwanze,
und stürmte ohne Lanze.

4. Doch kurz vor dem Zusammenprall –
ein Donnerschlag – ein dumpfer Fall –
Herr Prunz mit einem Furze
den Gegner bracht zum Sturze.

5. Da brach der Jubel von der Schanz.
Herr Prunzelschütz erhielt den Kranz.
Der Kaiser grüßte lachend
und rief: Epochemachend!

6. Ein Jahr darauf. Herr Prunzelschütz
saß froh auf seinem Rittersitz
mit Mannen und Gesinde
inmitten seiner Winde.

7. Da kam ein Bote, kreidebleich,
und meldete: Der Feind im Reich!
Das Heer läuft um sein Leben.
Wir müssen uns ergeben.

8. Flugs ritt Herr Prunzelschütz heran,
lupft seinen Harnisch hinten an
und läßt aus der Retorte
der Winde schlimmste Sorte.

9. Das dröhnte, donnerte und pfiff,
so daß der Feind die Flucht ergriff.
Da schrie das Volk und wollte,
daß er regieren sollte.

10. Herr Prunz indessen, todesmatt,
sprach: Gott, der uns geholfen hat,
der möge mich bewahren.
Dann ließ er einen fahren.

11. Der letzte war's, der schwach entfloh.
Drauf schloß für immer den Popo
Herr Prunz, der frumbe Ritter,
und alle fanden's bitter.

12. Er ward begraben und verdarb.
Die Burg zerfiel. Doch wo er starb,
steht heute eine Linde.
Da raunen noch die Winde.

Ich muß sagen,
daß mir diese Art von
Kriegsführung
bedeutend sympathischer
ist als das, was
heute stattfindet.

Volkstümlich aus Holstein

# DAS BUCKLIGE MÄNNLEIN

1. Will ich in mein Gärt- lein gehn, will mein Zwie- beln gie- ßen,
steht ein buck- lig Männ- lein da, fängt gleich an zu nie- sen.

2. Will ich in mein Küchel gehn,
will mein Süpplein kochen:
Steht ein bucklig Männlein da,
hat mein Töpflein brochen.

3. Will ich in mein Stüblein gehn,
will mein Müslein essen:
Steht ein bucklig Männlein da,
hat's schon selber gessen.

4. Will ich auf mein' Boden gehn,
will mein Hölzlein holen:
Steht ein bucklig Männlein da,
hat mir's halb gestohlen.

5. Will ich in mein' Keller gehn,
will mein Weinlein zapfen:
Steht ein bucklig Männlein da,
tut mir'n Krug wegschnappen.

6. Setz ich mich ans Rädlein hin,
will mein Fädel drehen:
Steht ein bucklig Männlein da,
läßt das Rad nicht gehen.

7. Geh ich in mein Kämmerlein,
will mein Bettlein machen:
Steht ein bucklig Männlein da,
fängt gleich an zu lachen.

8. Wenn ich an mein Bänklein knie,
will ein bißlein beten:
Steht das bucklig Männlein da,
fängt gleich an zu reden:

9. „Lie- bes Kind- lein, ach ich bitt', bet' fürs buck- lig Männ- lein mit."

# MEINE OMA FÄHRT IM HÜHNERSTALL MOTORRAD

Text: überliefert

Musik: Robert Steidl

# MEINE OMA FÄHRT IM HÜHNERSTALL MOTORRAD

1. Mei-ne O-ma fährt im Hüh-ner-stall Mo-tor-rad, Mo-tor-rad, Mo-tor-rad. Mei-ne O-ma fährt im Hüh-ner-stall Mo-tor-rad, mei-ne O-ma ist 'ne ganz fa-mo-se Frau!

2. Meine Oma hat im hohlen Zahn ein Radio...

3. Meine Oma hat 'nen Nachttopf mit Beleuchtung...

4. Meine Oma hat 'ne Glatze mit Geländer...

5. Meine Oma hat im Strumpfband 'nen Revolver...

6. Meine Oma hat 'nen Handstock mit 'nem Rücklicht... 7. Meine Oma hat Klosettpapier mit Rüschen...

8. Meine Oma hat 'ne Brille mit Gardine...

Versucht doch mal, ein ähnlich schönes Lied auf euren Lehrer, Pfarrer oder sonst wen zu machen!

# HAB 'NE TANTE IN MAROKKO

Von den blauen Bergen kommen wir

1. Hab' 'ne Tan-te in Ma-rok-ko, und die kommt-hip-hoi! Hab' 'ne
Tan-te in Ma-rok-ko, und die kommt-hip-hoi! Hab' 'ne
Tan-te in Ma-rok-ko, hab' 'ne Tan-te in Ma-rok-ko, hab' 'ne
Tan-te in Ma-rok-ko, und die kommt-hip-hoi! 2. hop-pel pop-pel usw.

2. Und sie kommt auf zwei Kamelen, wenn sie kommt – hip hoi
   hoppel poppel!

3. Und sie schießt mit zwei Pistolen, wenn sie kommt – hip hoi
   hoppel poppel, piff paff!

4. Und dann läuten wir die Glocken, wenn sie kommt – hip hoi
   hoppel poppel, piff paff, ding dong!

5. Und dann singen wir ein Liedchen, wenn sie kommt – hip hoi
   hoppel poppel, piff paff, ding dong, la la!

6. Und dann schlachten wir ein Schweinchen, wenn sie kommt – hip hoi
   hoppel poppel, piff paff, ding dong, la la, chrr chrr!

7. Und dann kriegen wir 'nen Brief, daß sie nicht kommt – hip hoi
   hoppel poppel, piff paff, ding dong, la la, chrr chrr, oooooooooh!

Auf dieselbe Melodie
zu singen:

# Von den blauen Bergen kommen wir

1. Von den blauen Bergen kommen wir,
   unser Lehrer ist genauso dumm wie wir,
   mit dem Finger in der Nase
   sieht er aus wie 'n Osterhase.
   Von den blauen Bergen kommen wir.

2. Mit dem Rotstift in der Hand sieht er aus wie 'n Elefant.

3. Mit den Rollschuhn untern Füßen rauscht er ab zu seiner Süßen.

Bei dem
Marokkolied
müßt ihr die
Bewegungen
machen, die
ihr aus vielen Cowboy-
filmen kennt und die
Geräuschwörter nach
jeder Zeile dazwischen-
rufen!

Text: überliefert

Musik: überliefert/Jürgen Schöntges

# EINE OMA GEHT SPAZIEREN

1. Ei - ne O - ma geht spa - zie - ren, an der Hand ein klei - nes Kind. Und das sollt' die O - ma füh - ren, denn die ar - me al - te Da - me, die war blind.

2. Ein Graben in der Näh',
   ein Loch in der Chaussee.
   „Oma, hüpf mal!", sprach die Kleine,
   und die alte Dame hüpfte in die Höh'.

3. Als das niedlich kleine Mädchen
   seine Oma so gut hüpfen sah,
   sprach es oftmals: „Oma, hüpf mal!",
   wenn auch kein Graben in der Nähe war.

4. Kam ein Schutzmann längs des Weges,
   war ob des Kindes ganz empört:
   „Hör mal auf, du kleine Range,
   dein Benehmen ist ja ganz unerhört!"

5. „Herr Förster, halten Sie die Schnauze,
   Herr Förster, sein Sie still.
   Die Oma, die ist meine,
   die kann ich hüpfen lassen, wie und wann ich will!"

Aus Berlin (überliefert)

# BOLLE REISTE JÜNGST ZU PFINGSTEN

1. Bol-le rei-ste jüngst zu Pfing-sten, nach Pan-kow war sein Ziel. Da ver-lor er sei-nen Jüng-sten janz plötz-lich im Je-wühl. 'Ne vol-le hal-be Stun-de hat er nach ihm je-spürt, a-ber den-noch hat sich Bol-le janz köst-lich a-mü-siert.

2. In Pankow gab's kein Essen, in Pankow gab's kein Bier,
war alles aufjefressen von fremden Gästen hier.
Nich mal ne Butterstulle hat man ihm reserviert!
Aber dennoch hat sich Bolle janz köstlich amüsiert.

3. Auf der Schönholzer Heide, da gab's ne Keilerei,
und Bolle, gar nicht feige, war feste mang dabei,
hats Messer rausgezogen und fünfe massakriert,
aber dennoch hat sich Bolle janz köstlich amüsiert.

4. Es fing schon an zu tagen, als er sein Heim erblickt.
Das Hemd war ohne Kragen, das Nasenbein zerknickt,
das rechte Auge fehlte, das linke marmoriert,
aber dennoch hat sich Bolle janz köstlich amüsiert.

5. Als er nach Haus gekommen, da ging's ihm aber schlecht;
da hat ihn seine Olle janz mörderlich verdrescht!
'Ne volle halbe Stunde hat sie auf ihm poliert,
aber dennoch hat sich Bolle janz köstlich amüsiert.

6. Bolle wollte nicht mehr leben, er hat sich's überlegt,
er hat sich auf die Schienen der Kleinbahn hinjelegt.
Die Kleinbahn hat Verspätung, und vierzehn Tage drauf,
da fand man unsern Bolle als Dörrjemüse auf.

# WAS HAB'N WIR FÜR 'NE SCHULE

1. Was hab'n wir für 'ne Schu-le, 'ne Schu-le, in uns'rer al-ten Stadt. Die Schu-le ist aus Lehm ge-baut, die wak-kelt, wenn der Leh-rer haut, o-ho, o-ho, in uns-rer al-ten Stadt.

2. Was haben wir für ein' Küster
bei uns in unserm Dorf!
Des Sonntags ist er Organist,
in der Woche fährt er Pferdemist.
Oho . . .

3. Was haben wir für 'ne Orgel
bei uns in unserm Dorf!
Die Orgel, die ist gar nicht da,
da spielt man Mundharmonika.
Oho . . .

4. Was haben wir für 'ne Feuerwehr
bei uns in unserm Dorf!
Die kommt erst immer angerannt,
wenn alles schon ist abgebrannt.
Oho . . .

5. Was haben wir für 'nen Bäcker
bei uns in unserm Dorf!
Der beißt die Brötchen selber an
und sagt, das Ende war nicht dran.
Oho . . .

6. Was haben wir für ein' Metzger
bei uns in unserm Dorf!
Der Metzger ist ein Schweinehund,
der wiegt dreiviertel fürs ganze Pfund!
Oho . . .

7. Was haben wir für ein' Schuster
bei uns in unserm Dorf!
Der Schuster ist ein doofer Mann,
der klebt die Hacken vorne an!
Oho . . .

90

# DIE WISSENSCHAFT HAT FESTGESTELLT

1. Die Wis-sen-schaft hat fest-ge-stellt, fest-ge-stellt, fest-ge-stellt, daß Mar-me-la-de Fett ent-hält, Fett ent-hält. Drum es-sen wir auf je-der Rei-se, je-der Rei-se, je-der Rei-se Mar-me-la-de ei-mer-wei-se, ei-mer-wei-se Mar-me-la-de, Mar-me-la-de, Mar-me-la-de, die es-sen wir al-le so gern.

2. Die Wissenschaft hat festgestellt...,
daß Knackwurst Pferdefleisch enthält...
Drum essen wir auf jeder Reise
heiße Knackwurst eimerweise...

3. ...daß Coca-Cola Schnaps enthält.
Drum trinken wir auf jeder Reise
Coca-Cola fässerweise...

4. ...daß Zigarette Heu enthält.
Drum rauchen wir auf jeder Reise
Zigaretten wagenweise...

5. ...daß Stanniol Schokolad enthält.
Drum essen wir auf jeder Reise
Schokolade tonnenweise...

6. ...daß Margarine Koks enthält.
Drum essen wir auf jeder Reise
Margarine säckeweise...

# DIE AFFEN RASEN DURCH DEN WALD

1. Die Affen rasen durch den Wald, der eine macht den andern kalt. Die ganze Affenbande brüllt: Wo ist die Kokosnuß, wo ist die Kokosnuß, wer hat die Kokosnuß geklaut —? Wo ist die Kokosnuß, wo ist die Kokosnuß, wer hat die Kokosnuß geklaut?

2. Die Affenmama sitzt am Fluß
und angelt nach der Kokosnuß.
Die ganze Affenbande brüllt ...

3. Der Affenonkel, welch ein Graus,
reißt ganze Urwaldbäume aus.
Die ganze Affenbande brüllt ...

4. Die Affentante kommt von fern,
sie ißt die Kokosnuß so gern.
Die ganze Affenbande brüllt ...

5. Der Affenmilchmann, dieser Knilch,
der wartet auf die Kokosmilch.
Die ganze Affenbande brüllt ...

6. Das Affenbaby voll Genuß
hält in der Hand die Kokosnuß.
Die ganze Affenbande brüllt:
„Da ist die Kokosnuß ...,
es hat die Kokosnuß geklaut!"

7. Die Affenmama schreit: „Hurra!
Die Kokosnuß ist wieder da!"
Die ganze Affenbande brüllt:
„Da ist die Kokosnuß ...,
es hat die Kokosnuß geklaut!"

8. Und die Moral von der Geschicht:
Klaut keine Kokosnüsse nicht,
weil sonst die ganze Bande brüllt:
„Wo ist ..."

# IN EINEN HARUNG JUNG UND SCHLANK

1. In ei-nen Ha-rung jung und schlank, zwo, drei, vier, ss-ta-ta, ti-ra-la-la,

der auf dem Mee-res-grun-de schwamm, zwo, drei, vier, ss-ta-ta, ti-ra-la-la, ver-

lieb-te sich, o Wun-der, 'ne ol-le Flun-der, 'ne ol-le Flun-der,

ver-lieb-te sich, o Wun-der, ne ol-le Flun — der.

2. Der Harung sprach: „Du bist verrückt,
zwo, drei, vier sstata, tiralala,
du bist mir viel zu plattgedrückt,
zwo, drei, vier sstata, tiralala!
Rutsch mir den Buckel runter,
du olle Flunder!"

3. Da stieß die Flunder in den Grund,
zwo, drei, vier sstata, tiralala,
wo sie 'nen goldnen Rubel fund,
zwo, drei, vier sstata, tiralala,
ein Goldstück von zehn Rubel,
o Jubel!

4. Da war die olle Schrulle reich,
zwo, drei, vier sstata, tiralala,
da nahm der Harung sie sogleich,
zwo, drei, vier sstata, tiralala,
denn so ein oller Harung,
der hat Erfahrung.

5. Und die Moral von der Geschicht:
zwo, drei, vier sstata, tiralala,
Verlieb dich in einen Harung nicht,
zwo, drei, vier sstata, tiralala,
denn so ein oller Harung,
der hat Erfahrung.

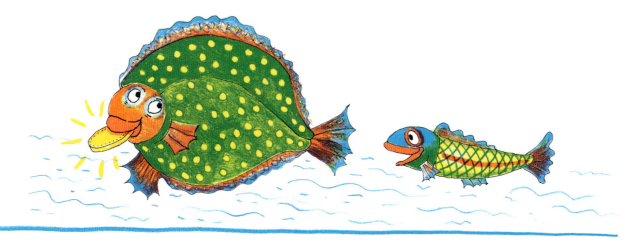

# O, HÄNGT IHN AUF!

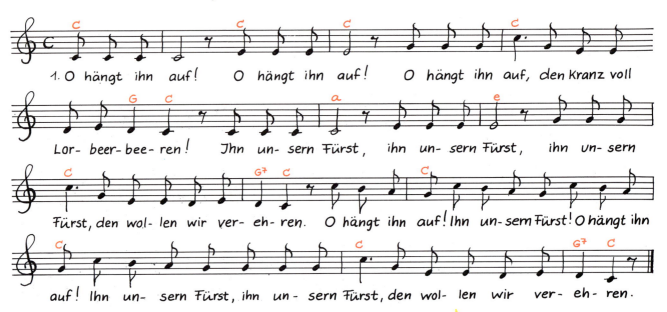

1. O hängt ihn auf! O hängt ihn auf! O hängt ihn auf, den Kranz voll Lor- beer- bee- ren! Ihn un- sern Fürst, ihn un- sern Fürst, ihn un- sern Fürst, den wol- len wir ver- eh- ren. O hängt ihn auf! Ihn un- sern Fürst! O hängt ihn auf! Ihn un- sern Fürst, ihn un- sern Fürst, den wol- len wir ver- eh- ren.

2. Du bist ein vie—,
   du bist ein vielgeliebter Fürst auf Erden.
   O du müßt hund—,
   o du müßt hundert Jahr und älter werden.

3. Wir treten dir—,
   wir treten dir zu Ehren heut zusammen.
   Wohl in den Leib—,
   wohl in den Leibern lodern hell die Flammen.

4. O wie gemein—,
   o wie gemeinsam unsre Herzen schlagen,
   siehst du heut aus—,
   siehst du heut aus den Worten, die wir sagen.

5. Du hast 'nen Flo—,
   du hast nen Florentiner Hut auf 'm Kopfe!
   Auf deiner Brust—,
   auf deiner Brust prangt mancher Stern am Knopfe.

6. Es ehrt dich Schwein-,
   es ehrn dich Schweinfurts starke Bürgerwehren.
   Ein Riesenros-,
   ein' Riesenrosenstrauß wir dir verehren.

Oft war das Volk stinksauer auf den Fürsten, traute sich aber nicht, das offen zu sagen. Da haben die Leute eben ein doppeldeutiges Lied gemacht.

Deutsche Nachdichtung: Jürgen Schöntges

Woodie Guthrie

# LIED VOM FAHRRAD

Riding in My Car

1. Ich hab' ein neu-es Fahr-rad, wart' mal ab, ich hol's grad. Dann
fahr'n wir all' ins Schwimm-bad, mein Fahr-rad ist ganz toll!

2. Klaus kommt auf die Querstange,
   Inga auf die Lenkstange,
   Fritz auf den Gepäckträger:
   Hurra, jetzt geht es los.

3. Da kommt ein Auto: Brrrm, brrrm!
   Da kommt ein Auto brrrm, brrrm,
   brrrm, brrrm, brrrrm, brrrm –
   was machen wir jetzt bloß?

4. Die Klingel, die macht bimm, bimm.
   Die Klingel, die macht bimm, bimm,
   bimm, bimm, rrrinnng –
   das Fahrrad bleibt nicht stehn.

5. Das Auto, das macht tut – tut,
   tut – tut, tut – tut,
   tuuuuuut, – rumms –
   dann gibt's 'n lauten Knall.

6. Der Klaus bricht sich das linke Bein,
   der Fritz fällt sich die Rübe ein,
   die Inga bricht sich 's Nasenbein
   und hat 'n Dotz am Kopf.

7. Ich hatte mal ein Fahrrad
   ein tolles, neues Fahrrad
   ein wunderschönes Fahrrad
   funkelnagelneu!

95

# SCHÖN
# IST DIE WELT

# SCHÖN IST DIE WELT

1. Schön ist die Welt, drum Brü - der, laßt uns rei - sen, wohl in die wei - te Welt, wohl in die wei - te Welt.

2. Wir sind nicht stolz,
   wir brauchen keine Pferde,
   die uns von dannen ziehn.

3. Wir laben uns
   an jeder Felsenquelle,
   wo frisches Wasser fließt.

4. Wir reisen fort,
   von einer Stadt zur andern,
   wohin es uns gefällt.

99

Text: Wilhelm Müller (1818)                                      Melodie: Karl Fr. Zöllner

# DAS WANDERN IST DES MÜLLERS LUST

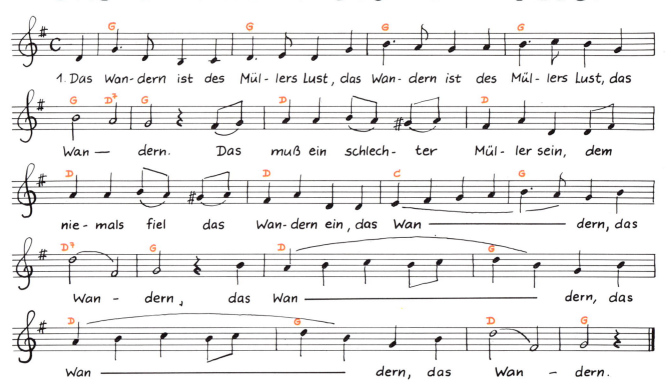

1. Das Wandern ist des Müllers Lust, das Wandern ist des Müllers Lust, das Wandern. Das muß ein schlechter Müller sein, dem niemals fiel das Wandern ein, das Wandern, das Wandern, das Wandern, das Wandern, das Wandern.

2. Vom Wasser haben wir's gelernt,
   vom Wasser haben wir's gelernt, vom Wasser.
   Das hat nicht Ruh' bei Tag und Nacht,
   ist stets auf Wanderschaft bedacht,
   Ist stets auf Wanderschaft bedacht, das Wasser.

3. Das sehn wir auch den Rädern ab,
   das sehn wir auch den Rädern ab, den Rädern.
   Die gar nicht gerne stille stehn
   und sich am Tag nicht müde drehn,
   und sich am Tag nicht müde drehn, die Räder.

4. Die Steine selbst, so schwer sie sind,
   die Steine selbst, so schwer sie sind, die Steine.
   Sie tanzen mit den muntern Reih'n
   und wollen gar noch schneller sein,
   und wollen gar noch schneller sein, die Steine.

5. O Wandern, Wandern, meine Lust,
   o Wandern, Wandern, meine Lust, o Wandern!
   Herr Meister und Frau Meisterin,
   laßt mich in Frieden weiter ziehn,
   laßt mich in Frieden weiter ziehn und wandern!

100

Volkslied aus Schweden

# IM FRÜHTAU ZU BERGE

1. Im Früh-tau zu Ber-ge wir gehn, fal-le-ra, es grü-nen die Wäl-der und Höhn, fal-le-ra. Wir wan-dern oh-ne Sor-gen sin-gend in den Mor-gen, noch e-he im Ta-le die Häh-ne krähn. Wir wan-dern oh-ne Sor-gen sin-gend in den Mor-gen, noch e-he im Ta-le die Häh-ne krähn.

2. Ihr alten und hochweisen Leut,
   ihr denkt wohl, wir sind nicht gescheit?
   Wer sollte aber singen,
   wenn wir schon Grillen fingen
   in dieser herrlichen Frühlingszeit!

3. Werft ab alle Sorge und Qual
   und wandert mit uns aus dem Tal!
   Wir sind hinausgegangen,
   den Sonnenschein zu fangen.
   Kommt mit und versucht es auch selbst einmal!

Text: Hans Riedel

Melodie: Robert Götz

# AUS GRAUER STÄDTE MAUERN

1. Aus grau-er Städ-te Mau — ern ziehn wir durch Wald und Feld. Wer bleibt, der mag ver-sau -ern, wir fah-ren durch die Welt. Hal-li, hal-lo, wir fah-ren, wir fah-ren durch die Welt. Hal-li, hal-lo, wir fah-ren, wir fah-ren durch die Welt.

2. Der Wald ist unsre Liebe,
   der Himmel unser Zelt,
   ob heiter oder trübe,
   wir fahren in die Welt.

3. Die Sommervögel ziehen
   schon über Wald und Feld.
   Da heißt es Abschied nehmen,
   wir fahren in die Welt.

102

# EINE SEEFAHRT, DIE IST LUSTIG

1. Ei - ne See-fahrt, die ist lu - stig, ei - ne See-fahrt, die ist schön, hei, da kann man was er - le - ben, hei, da kann man et - was sehn. Hol - la - hi, hol - la ho, hol - la - hi - a - hi - a - hi - a - hol - a - hi - a - hi - a - hoh, hol - la hi, hol - la ho, ho - la - hi - a - hi - a - hi - a - hol - la - ho.

2. Unser Koch, das dumme Luder,
unser Koch, die faule Sau,
kocht uns siebenmal die Woche
Mutschi-Mutschi mit Wau-Wau.
Hollahi, hollaho . . .

3. Mit dem Teller schwer beladen
saust der Stoker* über Deck;
doch der Speck ist voller Maden,
und er läuft ihm beinah weg.
Hollahi, hollaho . . .

4. Ja, die schönen weißen Möwen,
die erfüllen ihren Zweck,
und sie ssda ssda ssda
auf das frisch gewaschne Deck.
Hollahi, hollaho . . .

* Das ist der kohlenschipper auf einem Dampfer

# SAG MIR, WAS MACHEN DIE MATROSEN

## What Shall We Do With the Drunken Sailor

1. Sag mir, was ma - chen die Ma - tro - sen, Nor - we - ger, Deut - sche

und Fran - zo - sen, wenn auf dem Meer die Wel - len to - sen

mor - gens in der Frü - he? Ho - he, und hoch die Se - gel, ho - he, und

hoch die Se - gel, ho - he, und hoch die Se - gel, mor - gens in der Frü - he

2. Singen die alten Seemannslieder
laut, und das Schiff geht auf und nieder.
Hört ihr, der Käpt'n schreit schon wieder
morgens in der Frühe.
Ho-he, und hoch die Segel . . .

3. Würden so gern den Mädchen winken,
Rum oder Schnaps oder Whisky trinken
lieber als im Meer versinken –
morgens in der Frühe.
Ho-he, und hoch die Gläser . . .

4. Ja, so was machen die Matrosen,
wenn auf dem Meer die Wellen tosen,
Norweger, Deutsche und Franzosen
morgens in der Frühe.
Ho-he, und hoch die Gläser . . .

Text: überliefert/Felicitas Kukuck                                          Melodie: Felicitas Kukuck

# ALLE, DIE MIT UNS AUF KAPERFAHRT FAHREN

1. Al – le, die mit uns auf Ka – per – fahrt fah – ren, müs – sen Män – ner mit Bär – ten sein. Jan und Hein und Klaas und Piet, die ha – ben Bär – te, die ha – ben Bär – te, Jan und Hein und Klaas und Piet, die ha – ben Bär – te, die fah – ren mit.

2. Alle, die Tod und Teufel nicht fürchten,
   müssen Männer mit Bärten sein . . .

3. Alle, die Weiber und Branntwein lieben,
   müssen Männer mit Bärten sein . . .

4. Alle, die mit uns das Walroß killen,
   müssen Männer mit Bärten sein . . .

5. Alle, die öligen Zwieback lieben,
   müssen Männer mit Bärten sein . . .

6. Alle, die endlich zur Hölle mitfahren,
   müssen Männer mit Bärten sein . . .

105

Text: überliefert,
Übertragung: Paul Hermann/Jürgen Schöntges

Musik: H. J. Fuller

# MEIN BONNIE IST WEIT VON DER HEIMAT

## My Bonnie is over the Ocean

1. Mein Bon-nie ist weit von der Hei-mat, mein Bon-nie ist weit auf dem Meer. Ihr Win-de und wo-gen-den Was-ser, o bringt ihn mir heil wie-der her! Bringt ihn, bringt ihn, o bringt ihn mir heil wie-der her ———, bringt ihn, bringt ihn, o bringt ihn mir heil wie-der her.

2. Ich hab' heute nacht schlecht geschlafen,
   ich hab' heute nacht schlecht geruht,
   es war mir, als stünd' ich am Hafen
   und hörte, mein Bonnie ist tot.
   Bringt ihn . . .

3. Doch ehe ein Jahr war vergangen,
   da winkte uns beiden das Glück,
   die Winde und wogenden Wasser,
   die brachten mir Bonnie zurück.
   Bonnie, Bonnie, du fuhrst mit Glück übers weite Meer,
   Bonnie, Bonnie, drum kamst du auch heil wieder her.

Und so heißt es auf englisch:

1. My Bonnie is over the ocean,
   My Bonnie is over the sea,
   My Bonnie is over the ocean,
   Oh bring back my Bonnie to me!
   Bring back, bring back,
   Oh bring back my Bonnie to me, to me
   Bring back, bring back,
   Oh bring back my Bonnie to me!

2. Last night as I lay on my pillow,
   Last night as I lay on my bed,
   Last night as I lay on my pillow,
   I dreamed that my Bonnie was dead.
   Bring back . . .

3. The winds have gone over the ocean,
   The winds have gone over the sea,
   The winds have gone over the ocean,
   And brought back my Bonnie to me.
   Brought back . . .

Deutscher Text: Jürgen Schöntges

Französisches Volkslied

# AUF DER BRÜCKE, IN DEN STRASSEN

Sur le pont d'Avignon

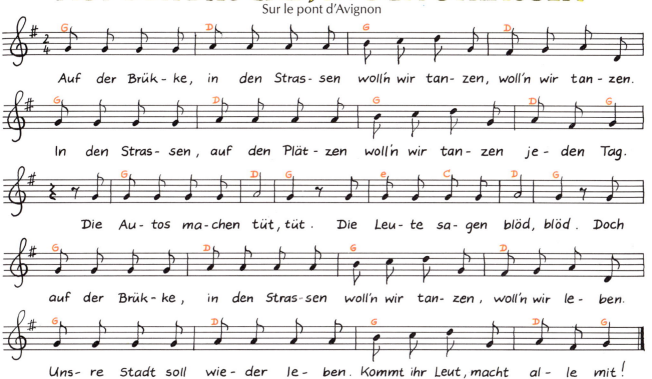

Auf der Brük-ke, in den Stras-sen wolln wir tan-zen, woll'n wir tan-zen.

In den Stras-sen, auf den Plät-zen woll'n wir tan-zen je-den Tag.

Die Au-tos ma-chen tüt, tüt. Die Leu-te sa-gen blöd, blöd. Doch

auf der Brük-ke, in den Stras-sen woll'n wir tan-zen, woll'n wir le-ben.

Uns-re Stadt soll wie-der le-ben. Kommt ihr Leut, macht al-le mit!

Und so heißt es auf französisch:

1. Sur le pont d'Avignon,
   l'on y danse, l'on y danse.
   Sur le pont d'Avignon,
   l'on y danse tout en rond.
   Les beaux messieurs font comme ça.
   Et puis encore comme ça.

2. Sur le pont…
   Les belles dames font comme ça.
   Et puis encore comme ça.

Fredrik Vahle

# DER COWBOY JIM AUS TEXAS

1. Der Cow-boy Jim aus Te-xas, der tags auf sei-nem Pferd saß, hat ei-nen Hut aus Stroh und da-rin saß ein Floh. Jip-pi-jeh, jip-pi-je-he. Jip-pi-jeh, jeh, jeh, jeh, jeh.

2. Der Floh tat Jim begleiten.
Er hatte Spaß am Reiten,
und ging der Jim aufs Klo,
dann tat das auch sein Floh.
Jippijeh ...

3. Oft macht das Reiten Mühe.
Jim hütet hundert Kühe.
Da kommt er oft in Schweiß
und ruft: Ach, was 'n Scheiß!
Jippijeh ...

4. Am Tschikitschobasee
ruft Jim sein Jippijeh,
doch einst am Lagerfeuer
da war's da nicht geheuer.
Jippijeh ...

5. Im ersten Morgengrauen,
da wollt' man Jim verhauen,
man schlich zu Jimmy fix,
der schlief und merkte nix.
Jippijeh ...

6. Der Floh, der hört es trappeln,
tat sich auch gleich berappeln
und stach als echter Floh
den Cowboy in den Po.
Jippijeh ...

7. Der Jim sprang auf und fluchte
als er das Weite suchte.
So war's nix mit Verhauen
im ersten Morgengrauen.
Jippijeh ...

8. Der Cowboy Jim aus Texas
sitzt oft bei seiner Oma
und beide schaun sich dann
im Fernsehn Cowboyfilme an.
Jippijeh ...

# VON DUBLIN, IHR LEUTE

In Dublin's Fair City

1. Von Dub-lin, ihr Leu-te, da sing ich euch heu-te, da gab's mal 'ne Frau, die hieß Mol-ly Ma-lone. Sie rief durch die Stras-sen, durch We-ge und Gas-sen: „Kauft Mu-scheln und Krab-ben ganz frisch aus dem Meer. Ganz frisch aus dem Meer, ganz frisch aus dem Meer, kauft Mu-scheln und Krab-ben ganz frisch aus dem Meer."

2. Sie zog eine Karre mit lautem Geknarre,
die hatte sie von ihren Eltern gekriegt,
Auch sie riefen durch Straßen,
durch Wege und Gassen:
„Kauft Muscheln und Krabben
ganz frisch aus dem Meer!"

*Alle:*
Ganz frisch aus dem Meer . . .

3. Sie starb eines Tages,
der Pfarrer beklagt es,
auch er konnt' nicht helfen –
man weiß nicht, warum.
Doch ihr Geist zieht die Karre
mit lautem Geknarre
mit Muscheln und Krabben
in Dublin herum.

*Alle mit Geisterstimme:*
Ganz frisch aus dem Meer . . .

Und so heißt es auf englisch:

1. In Dublin's fair city,
Where the girls are so pretty,
I first set my eyes on sweet Mollie Malone,
She wheeled her wheel-barrow
Through streets broad and narrow,
Crying cockles and mussels, alive, alive, oh!

*Alle:*
Alive, alive, oh!
Alive, alive, oh!
Crying cockles and mussels, alive, alive, oh!

2. She was a fishmonger.
But sure 't was no wonder,
For so was her father and mother before;
And they both wheeled their barrow,
Through streets broad and narrow,
Crying cockles and mussels, alive, alive, oh!

Alive, alive, oh . . .

3. She died of a fever
And no one could relieve her,
And that was the end of sweet Mollie Malone,
But her ghost wheels her barrow
Through streets broad and narrow,
Crying cockles and mussels, alive, alive, oh!

Alive, alive, oh . . .

# SASCHA

1. Sa-scha geiz-te mit den Wor-ten ü-ber-all und al-ler-or-ten,
konn-te ho-he Bo-gen spuk-ken, fröh-lich mit den Oh-ren zuk-ken.
Nja, nja, nja, nja, nja, nja, nja, nja, nja, nja, nja, nja, nja, nja. Hei!

2. Saschas Vater wollt mit Pferden
reich und wohlbehäbig werden;
viele drehten manche Runde,
zehn Kopeken in der Stunde.
Nja, nja, nja...

3. Sascha liebte nur Geflügel,
Rosse hielt er streng am Zügel,
tat sie striegeln oder zwacken
an den beiden Hinterbacken.
Nja, nja, nja...

4. Und die kleinen Pferdchen haben
Sascha, diesen Riesenknaben,
irgendwoherum gebissen
und die Hose ihm zerrissen.
Nja, nja, nja...

# DIES LAND IST DEIN LAND

## This Land is Your Land

1. Dies Land ist dein Land, dies Land ist mein Land, von Nord- und Ost- see durchs schö-ne Rhein-land, vor- bei am Schwarz-wald, bis hin zum Bo- den- see. Dies Land ge- hört ja dir und mir!

2. Komm, laß uns wandern auf festen Straßen,
   durch weite Täler, durch enge Gassen!
   Entlang der Flüsse steh'n alte Burgen –
   dies Land gehört ja dir und mir.

3. Wo auf den Wiesen Frühnebel liegen,
   in klarer Luft sich die Vögel wiegen,
   wo Lieder klingen, laß uns mitsingen –
   dies Land gehört doch dir und mir.

4. Vergiß die Mauern, vergiß die Zäune!
   Zieh mit hinaus, sieh die alten Bäume.
   Die großen Wälder, hilf, daß sie bleiben –
   dies Land gehört doch dir und mir.

5. Dies Land ist dein Land, dies Land ist mein Land,
   von Nord- und Ostsee durchs schöne Rheinland,
   vorbei am Schwarzwald bis hin zum Bodensee –
   dies Land gehört doch dir und mir.

Und so singen die Amerikaner:

1. This land is your land, this land is my land
   From California to the New York island.
   From the redwood forest to the Gulf Stream waters,
   This land was made for you and me.

2. As I was walking that ribbon of highway
   I saw above me that endless skyway,
   I saw below me that golden valley –
   This land was made for you and me.
   This land is your land . . .

3. I've roamed and rambled and I followed my footsteps
   To the sparkling sands of her diamond deserts,
   And all around me a voice was sounding:
   This land was made for you and me.
   This land is your land . . .

4. When the sun comes shining and I was strolling
   And the wheat fields waving and the dust clouds rolling,
   As the fog was lifting, a voice was chanting:
   This land was made for you and me!
   This land is your land . . .

111

# LASS DOCH DEN KOPF NICHT HÄNGEN

Deutsche Worte: Jürgen Schöntges

Amerikanisches Volkslied

# LASS DOCH DEN KOPF NICHT HÄNGEN

Tom Dooley

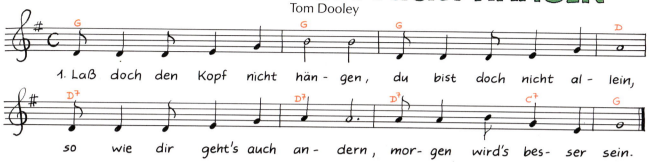

1. Laß doch den Kopf nicht hän-gen, du bist doch nicht al-lein,

so wie dir geht's auch an-dern, mor-gen wird's bes-ser sein.

2. Geht dir mal was daneben,
hast du mal Pech statt Glück,
glaub nicht, das wird so bleiben,
schau vorwärts, nicht zurück.

Laß doch den Kopf nicht hängen . . .

3. Hast du mal Krach mit Freunden
und mit den Eltern Streit,
erst noch mal drüber reden,
vielleicht war's nicht so gemeint.

Laß doch den Kopf nicht hängen . . .

115

Fredrik Vahle

# DIE RÜBE

1. In 'ner Ek-ke vom Gar-ten hat der Pau-le sein Beet, und da
hat er sich die-ses Jahr Rü-ben ge-sät. Und da, wo sonst Boh-nen die
Stan-gen hoch-klet-tern, wächst jetzt ei-ne Rü-be mit rie-si-gen Blät-tern.

2. Paul staunt, und er sagt sich: Ei, wenn ich nur wüßt',
wie groß und wie schwer diese Rübe wohl ist.
Schon krempelt er eilig die Ärmel hoch,
packt die Rübe beim Schopf und zog und zog.

3. Doch die Rübe, die rührt sich kein bißchen vom Fleck,
Paul zieht und Paul schwitzt, doch er kriegt sie nicht weg.
Da ruft der Paul seinen Freund, den Fritz,
und der kommt auch gleich um die Ecke geflitzt.

*Refrain:*
Hauruck, zieht der Paul und hauruck, zieht der Fritz.
Alle Mann, nix wie ran, ganz egal, ob man schwitzt.
Die Rübe ist dick und die Rübe ist schwer,
wenn die dicke schwere Rübe doch schon rausgezogen wär!

4. Jetzt ziehn sie zu zweit mit Hallo und Hauruck,
doch die Rübe bleibt drin, sie bewegt sich kein Stück.
Und Fritz, der läuft los, holt vom Nachbarn den Klaus,
zu dritt kommt die Rübe ganz sicher heraus.
Hauruck...

5. Herrjeh, was 'ne Rübe, ja da staunt auch der Klaus.
Jetzt ziehn wir ganz fest und dann kommt sie schon raus.
Doch die Rübe, die saß drin, und da sagte der Klaus:
Ich hol' meine Schwester, die ist grad zu Haus.
Hauruck...

6. Jetzt ziehn sie zu viert, doch die Rübe bleibt drin.
   Der Fritz meint schon traurig: 's hat doch keinen Sinn.
   Ganz plötzlich ruft Paul: Hier, ich hab 'ne Idee,
   wie wär's, wenn wir mal zum Antonio gehn?
   Hauruck . . .

7. Doch da meint der Klaus: So was hilft uns nicht weiter.
   Das sind doch alles Kinder von so Gastarbeitern.
   Mein Vater sagt immer, die verschwänden viel besser,
   und außerdem sind das Spaghettifresser!
   Hauruck . . .

8. Das ärgert den Paul, was der Klaus da so spricht.
   Der Antonio ist kräftig, und dumm ist er nicht.
   Und außerdem, Klaus, hast du eins wohl vergessen,
   du hast dich an Spaghetti neulich fast überfressen.
   Hauruck . . .

9. Wir brauchen Antonio und auch seine Brüder.
   Klaus' Schwester versteht's, und sie läuft schnell hinüber,
   hat alle geholt und gemeinsam ging's ran,
   alle Kinder zusammen, die packten jetzt an.
   Hauruck . . .

10. Den Antonio zieht der Carlo mit Hallo und Hauruck!
    Und sieh da, die dicke Rübe, die bewegt sich ein Stück.
    Und jetzt noch mal Hauruck, und die Erde bricht auf,
    die Rübe kommt raus und liegt groß oben drauf.
    Hauruck . . .

11. Die Kinder, die purzeln jetzt all' durcheinander,
    doch freut sich ein jeder nun über den andern,
    sie sehn, wenn man so was gemeinsam anpackt,
    wird die allerdickste Rübe aus der Erde geschafft!
    Hauruck . . .

Text: Richard Limpert

Musik: Fasia Jansen

# ALI UND FRITZ

1. A - li wohnt in der Ba - rak - ke, Frit - ze nann - te ihn „Ka - na - ke".

Doch der A - li war nicht dumm, dreh - te schnell den Spieß he - rum.

Doch der A - li war nicht dumm, dreh - te schnell den Spieß he - rum.

2. Ich bin Türke, kein Kanake.
   Oder bist du ein Germake?
   Damit macht man keinen Witz
   Ali heiß' ich, du heißt Fritz!

Text: James Krüss                                                                                          Musik: Christian Bruhn

# DAS LIED VOM MÜLL

1.Was wird aus uns-rem Au-to, ist es nicht mehr mo-bil? Dann

wird aus uns-rem Au-to-chen Müll! Müll! Müll!

2. Was wird aus einem Kleide,
   wenn's nicht mehr passen will?
   Dann wird aus einem Sonntagskleid
   Müll! Müll! Müll!

3. Was wird aus einem Glase,
   zerbrach einmal sein Stiel?
   Dann wird aus einem feinen Glas
   Müll! Müll! Müll!

4. Was wird aus alten Stiefeln,
   wenn's warm wird im April?
   Dann wird aus einem Stiefelpaar
   Müll! Müll! Müll!

5. Und geht das stets so weiter,
   so ohne Sinn und Ziel,
   dann wird vielleicht der Erdenball
   Müll! Müll! Müll!

x An diesen
Stellen solltet ihr
jeweils die passenden
Geräusche machen, z.B.:
1. Strophe - Autohupe:
„Trööt, trööt"
2. Strophe-Stoff
zerreißen:„Ritsch-ratsch"
3. Strophe - Glas
zerschmeißen:„Klirr-klirr"
4. Strophe-Lederknarren:
„Knietsch - knatsch"
5. Strophe -Atom-Explosion
... aber Geräusche, nicht
die Wörter, die hier
stehen!

119

Dieter Süverkrüp

# DER BAGGERFÜHRER WILLIBALD

1. Es ist am Morgen kalt. Da kommt der Willibald und klettert in den Bagger und baggert auf dem Acker ein grosses tiefes Loch. Was noch?

2. Na ja, so fängt das an.
Dann kommen alle Mann.
Sie bauen erst den Keller.
Dann baun sie immer schneller.
Was kommt dabei heraus?
Ein Haus!

3. Und in das Haus hinein
ziehn feine Leute ein.
Die Miete ist sehr teuer.
Kost' siebenhundert Eier.
Wer kriegt die Miete bloß?
Der Boß!

4. Der Boß kommt groß heraus.
Dem Boß gehört das Haus.
Dem Boß gehört der Bagger,
der Kran und auch der Acker.
Und alles, was da ist.
So 'n Mist!

5. Der Boß steht meistens rum
und redet laut und dumm.
Sein Haus, das soll sich lohnen.
Wer Geld hat, kann drin wohnen.
Wer arm ist, darf nicht rein!
Gemein!

6. Der Willibald kriegt Wut.
Er sagt: „Das ist nicht gut!"
Er steigt auf eine Leiter:
„Hört her, ihr Bauarbeiter,
der Boß ist, wie ihr seht,
zu blöd!

7. Sein Haus, das bauen wir!
Was kriegen wir dafür?
Der Boß zahlt uns den Lohn aus.
Die Miete für sein Wohnhaus,
die ist in unsrem Lohn
nicht drin!

8. Das hat doch keinen Zweck!
Der Boß geht besser weg!
Dann baun wir für uns selber
ein schönes Haus mit Keller.
Da ziehen wir alle ein.
Au, fein!"

9. Wie Wil-li-bald das sagt, so wird es auch ge-macht. Die

Bau-ar-bei-ter le-gen los und bau-en Häu-ser schön und groß, wo

je-der gut drin woh-nen kann, weil je-der sie be-zah-len kann. Der

Bag-ger-füh-rer Wil-li-bald baut ei-ne neu-e Schwimm-an-stalt, Da

sprit-zen sich die Leu-te naß. Das macht so-gar dem Bag — ger Spaß.

Franz Josef Degenhardt

# SPIEL NICHT MIT DEN SCHMUDDELKINDERN

„Spiel nicht mit den Schmud-del-kin-dern, sing nicht ih-re Lie-der.

Geh doch in die O-ber-stadt, mach's wie dei-ne Brü————der."

1. So sprach die Mut-ter, sprach der Va-ter, lehr-te der Pa——stor.

Er schlich a-ber im-mer wie-der durch das Gar-ten-tor

und in die Ka-nin-chen-stäl-le, wo sie Sechs-und-sech-zig spiel-ten

um Ta-bak und Rat-ten-fel-le, Mäd-chen un-ter Rök-ke schiel-ten,

wo auf al-ten Bret-ter-ki-sten Kat-zen in der Son-ne dö-sten,

wo man, wenn der Re-gen rausch-te, En-gel-bert, dem Blö-den lausch-te,

der auf ei-nen Haar-kamm biß, Rat-ten-fän-ger-lie-der blies.

A-bends am Fa-mi-lien-tisch, nach dem Ge-bet zum Mahl,

122

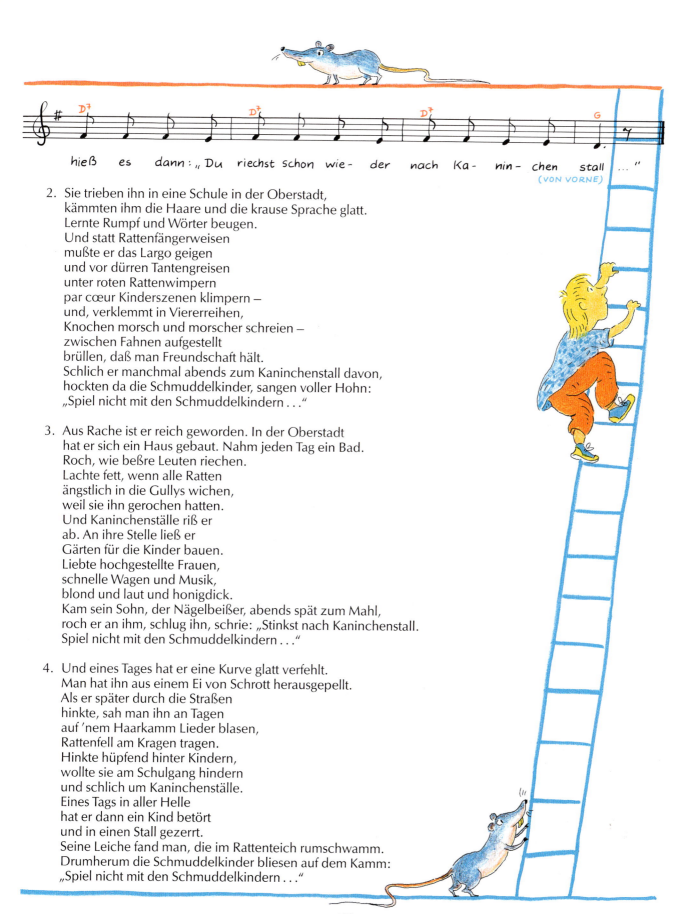

hieß es dann: „Du riechst schon wie- der nach Ka- nin- chen stall …"

(VON VORNE)

2. Sie trieben ihn in eine Schule in der Oberstadt,
   kämmten ihm die Haare und die krause Sprache glatt.
   Lernte Rumpf und Wörter beugen.
   Und statt Rattenfängerweisen
   mußte er das Largo geigen
   und vor dürren Tantengreisen
   unter roten Rattenwimpern
   par cœur Kinderszenen klimpern –
   und, verklemmt in Viererreihen,
   Knochen morsch und morscher schreien –
   zwischen Fahnen aufgestellt
   brüllen, daß man Freundschaft hält.
   Schlich er manchmal abends zum Kaninchenstall davon,
   hockten da die Schmuddelkinder, sangen voller Hohn:
   „Spiel nicht mit den Schmuddelkindern …"

3. Aus Rache ist er reich geworden. In der Oberstadt
   hat er sich ein Haus gebaut. Nahm jeden Tag ein Bad.
   Roch, wie beßre Leuten riechen.
   Lachte fett, wenn alle Ratten
   ängstlich in die Gullys wichen,
   weil sie ihn gerochen hatten.
   Und Kaninchenställe riß er
   ab. An ihre Stelle ließ er
   Gärten für die Kinder bauen.
   Liebte hochgestellte Frauen,
   schnelle Wagen und Musik,
   blond und laut und honigdick.
   Kam sein Sohn, der Nägelbeißer, abends spät zum Mahl,
   roch er an ihm, schlug ihn, schrie: „Stinkst nach Kaninchenstall.
   Spiel nicht mit den Schmuddelkindern …"

4. Und eines Tages hat er eine Kurve glatt verfehlt.
   Man hat ihn aus einem Ei von Schrott herausgepellt.
   Als er später durch die Straßen
   hinkte, sah man ihn an Tagen
   auf 'nem Haarkamm Lieder blasen,
   Rattenfell am Kragen tragen.
   Hinkte hüpfend hinter Kindern,
   wollte sie am Schulgang hindern
   und schlich um Kaninchenställe.
   Eines Tags in aller Helle
   hat er dann ein Kind betört
   und in einen Stall gezerrt.
   Seine Leiche fand man, die im Rattenteich rumschwamm.
   Drumherum die Schmuddelkinder bliesen auf dem Kamm:
   „Spiel nicht mit den Schmuddelkindern …"

Text: Volker Ludwig

Musik: Birger Heymann

# WER SAGT, DASS MÄDCHEN DÜMMER SIND

LAUT UND SCHNELL

1. Wer sagt, daß Mäd-chen düm-mer sind, wer sagt, daß Mäd-chen im-mer al-bern sind,

wer sagt, daß Mäd-chen schüchtern sind, der spinnt, der spinnt, der spinnt!

Wer sagt, die Mäd-chen traun sich nicht, wer sagt, sie sei-en im-mer wei-ner-lich

und mek-ke-rig und zap-pe-lig, der hat 'n Stich, 'n Stich, 'n Stich!

Mäd-chen sind ge-nau so schlau wie Jun-gen, Mäd-chen sind ge-nau so frech und schnell

Mäd-chen ha-ben so viel Mut wie Jun-gen, Mäd-chen ha-ben auch ein dik-kes Fell!

2. Wer sagt, daß Mädchen schwächer sind?
Wer sagt, daß Mädchen immer zickig sind
wer sagt, daß Mädchen affig sind –
der spinnt, der spinnt, der spinnt!
Wer sagt, die Mädchen fürchten sich
und petzen und sind immer zimperlich,
sind also blöd und hinderlich –
der hat 'n Stich, 'n Stich, 'n Stich!

Mädchen sind genauso schlau wie Jungen,
Mädchen sind genauso frech und schnell,
Mädchen haben soviel Mut wie Jungen,
Mädchen haben auch ein dickes Fell!

# HEJO, LEISTET WIDERSTAND

Hejo, spannt den Wagen an

KANON ZU 3 STIMMEN

1. He – jo! Lei – stet Wi – der – stand, ge – gen das A – tom – kraft – werk* im Land!

3. schließt euch fest zu – sam – men, schließt euch fest zu – sam – men!

ALLE WIEDERHOLUNGEN

SCHLUSS

Schließt euch fest zu – sam – men!

Und so heißt der alte Text:

Hejo! Spannt den Wagen an,
seht, der Wind treibt Regen übers Land!
Holt die goldnen Garben,
holt die goldnen Garben!

* Dafür kann man auch was anderes einsetzen, wogegen man protestieren will!

# WIR SIND KINDER EINER ERDE

Text: Volker Ludwig und Christian Sorge

Musik: Birger Heymann

# WIR SIND KINDER EINER ERDE

1. Wir sind Kin-der ei-ner Er-de, die ge-nug für al-le hat. Doch zu vie-le ha-ben Hun-ger und zu we-ni-ge sind satt. Ei-ner praßt, die an-dern zah-len, das war bis-her im-mer gleich. Nur weil vie-le Län-der arm sind, sind die rei-chen Län-der reich.

2. Wir sind Kinder einer Erde
Doch es sind nicht alle frei
Denn in vielen Ländern herrschen
Militär und Polizei
Viele sitzen im Gefängnis
Angst regiert von spät bis früh
Wir sind Kinder einer Erde
Aber tun wir was für sie?

3. Viele Kinder fremder Länder
Sind in unserer Stadt zu Haus
Wir sind Kinder einer Erde
Doch was machen wir daraus?
Ihre Welt ist auch die unsre
Sie ist hier und nebenan
Und wir werden sie verändern
Kommt, wir fangen bei uns an!

# OH, SUSANNA

## Alabama-Lied

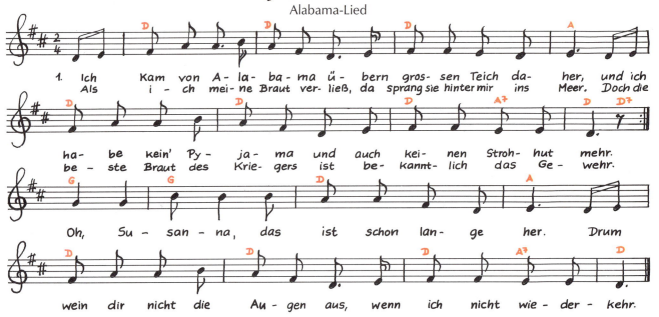

1. Ich Kam von A-la-ba-ma ü-bern gros-sen Teich da-her, und ich
Als i-ch mei-ne Braut ver-ließ, da sprang sie hinter mir ins Meer. Doch die

ha-be kein' Py-ja-ma und auch kei-nen Stroh-hut mehr.
be-ste Braut des Krie-gers ist be-kannt-lich das Ge-wehr.

Oh, Su-san-na, das ist schon lan-ge her. Drum

wein dir nicht die Au-gen aus, wenn ich nicht wie-der-kehr.

2. Als ich von Alabama zog, fiel der Regen dick und schwer,
und es regnet bei der Überfahrt und in Frankreich noch viel mehr.
Und es regnet bei der großen Schlacht, und der Himmel wird nicht leer,
und es regnet auf den Micky Quirt und auf das ganze Heer.
Oh, Susanna, drum weine nicht so sehr.
Denn wir haben nasse Brocken an, doch ein trocknes Schießgewehr.

3. Und wenn du in Alabama hörst, daß wieder Frieden wär,
dann nimm dir einen Cornedbeefkonservenmillionär.
Leg deine Wang an seine Wang und sprich: For you I care –!
Denn dein Micky war ein Frontsoldat, und das ist jetzt nicht mehr fair.
Oh, Susanna, das Leben ist nicht schwer.
Und für einen toten Bräutigam kommen tausend neue her.

Deutscher Text: Max Colpet

Pete Seeger

# SAG MIR, WO DIE BLUMEN SIND

1. Sag mir, wo die Blumen sind, wo sind sie geblieben, sag mir, wo die Blumen sind, was ist geschehn? Sag mir, wo die Blumen sind, Mädchen pflückten sie geschwind, wann wird man je verstehn, wann wird man je verstehn?

2. Sag mir, wo die Mädchen sind . . .
   Männer nahmen sie geschwind . . .

3. Sag mir, wo die Männer sind . . .
   Zogen fort, der Krieg beginnt . . .

4. Sag, wo die Soldaten sind . . .
   Über Gräbern weht der Wind . . .

5. Sag mir, wo die Gräber sind . . .
   Blumen wehn im Sommerwind . . .

6. Sag mir, wo die Blumen sind . . .
   Mädchen pflückten sie geschwind . . .

Und das ist die Originalversion:

1. Where have all the flowers gone,
   Long time passing,
   Where have all the flowers gone,
   Long time ago?
   Young girls have picked them everyone,
   When will they ever learn,
   When will they ever learn?

2. Where have all the young girls gone . . .
   Gone to husbands everyone . . .

3. Where have all the husbands gone . . .
   Gone to soldiers everyone . . .

4. Where have all the soldiers gone . . .
   Gone to graveyards everyone . . .

5. Where have all the graveyards gone . . .
   Covered with flowers everyone . . .

6. Where have all the flowers gone . . .
   Young girls have picked them everyone . . .

Pete Seeger, der Mann,
der dieses Antikriegslied gemacht hat,
ist heute der „Großvater" der Folkbewegung
der westlichen Welt. Er zog mit, wenn
Menschen für ihr Recht demonstrierten,
er sang für sie und schrieb für sie
Lieder.

# JOHN BROWN'S BODY

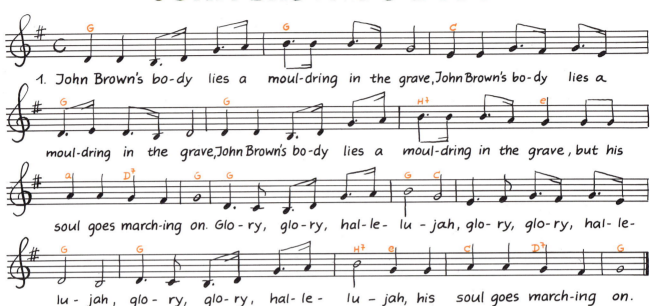

1. John Brown's bo-dy lies a moul-dring in the grave, John Brown's bo-dy lies a moul-dring in the grave, John Brown's bo-dy lies a moul-dring in the grave, but his soul goes march-ing on. Glo-ry, glo-ry, hal-le-lu-jah, glo-ry, glo-ry, hal-le-lu-jah, glo-ry, glo-ry, hal-le-lu-jah, his soul goes march-ing on.

2. The stars above in heaven
   are looking kindly down
   …
   …
   On the grave of old John Brown.
   Glory, glory, hallelujah …

3. America's working folks
   are all remembering the spot,
   …
   …
   It's the grave of old John Brown.
   Glory, glory, hallelujah …

4. John Brown died that
   the slave might be free,
   …
   …
   But his soul goes marching on.
   Glory, glory, halleluja …

5. He captured Harpers Ferry
   with his nineteen men so true,
   …
   …
   But his soul goes marching on.
   Glory, glory, hallelujah …

John Brown kämpfte
im Bürgerkrieg der
USA - vor über hundert
Jahren - auf der Seite der
Nordstaaten: für die
Befreiung der Sklaven.
Er starb, aber seine Idee
von Freiheit ist noch immer
lebendig. Dies will das
Lied sagen.
Bei uns ist es zwar ein
Stimmungslied geworden,
weil man es ganz toll
grölen kann - aber es
steckt doch ein bißchen
mehr dahinter!

6. And he frightened old Virginia
   'til she trembled through and
                      through,
   …
   …
   But his soul goes marching on.
   Glory, glory, hallelujah …

7. They hung him for a traitor
   themselves the traitor crew,
   …
   …
   But his soul goes marching on.
   Glory, glory, halleluja …

8. Now has come
   the glorious jubilee,
   …
   …
   When all mankind shall be free.
   Glory, glory, hallelujah …

Spiritual

# SING EIN LIED
## Rock My Soul

1. Sing ein Lied für al - le, die trau - rig sind, sing ein Lied für

al - le, die trau - rig sind, sing ein Lied für al - le die trau - rig sind,

sing, das tut gut! So gut, da fühl' ich mich ganz klein,

so gut, das kenn ich ganz ge - nau, so gut, das

kann ich gut ver - stehn, glau - be mir, das tut so gut!

Und das ist der Originaltext:

2. Sing ein Lied mit allen, die glücklich sind,
   sing ein Lied mit allen, die glücklich sind,
   sing ein Lied mit allen, die glücklich sind,
   sing, das tut gut!
   So gut, da fühl' ich mich ganz groß,
   so gut, da fühl' ich mich zu Haus,
   so gut, so soll es immer sein,
   glaube mir, das tut gut!

Rock my soul in the bosom of Abraham,
Rock my soul in the bosom of Abraham,
Rock my soul in the bosom of Abraham,
Oh rock my soul.
So high I can't get over it,
So low I can't get under it,
So wide I can't get around it,
Gotta come in at the door.

Deutscher Text: Jürgen Schöntges

# WAS HAT DER LEHRER HEUT GESAGT

## What Did You Learn in School Today?

1. Was steht heut' in der Zei-tung drin, er-zähl es mir mein Kind!

Was steht heut' in der Zei-tung drin, du weißt es ganz be-stimmt. Sie

schreibt, daß un-se-re Po-li-zei stets un-ser Freund und Hel-fer sei, auf

die man sich ver-las-sen darf an der Start-bahn West und in

Wak-kers-dorf, und das steht heut in der Zei-tung drin, und was die schreibt, das stimmt.

2. Was kam heut in der Tagesschau?
   Erzähl es mir, mein Kind!
   Was kam heut in der Tagesschau?
   Erzähl es uns geschwind:
   Da kam, daß ohne Waffen man
   den Frieden nicht gut sichern kann,
   und SDI muß auch dazu,
   dann haben wir bald unsre Ruh.
   Das kam heut in der Tagesschau,
   und was die bringt, das stimmt.

3. Was hat der Lehrer heut gesagt?
   Erzähl es mir, mein Kind!
   Was hat der Lehrer heut gesagt?
   Du weißt es doch bestimmt:
   Er sagt, daß man viel lernen müßt',
   damit man später selbst auch wüßt',
   wozu man in der Schule war,
   da wurd' mir plötzlich manches klar.
   Das hat der Lehrer heut gesagt
   und dann hat es geschellt.

1. What did you learn in school today,
   Dear little boy of mine? *(zweimal)*
   I learned that Washington never told a lie,
   I learned that soldiers seldom die,
   I learned that everybody's free,
   And that's what the teachers said to me,
   And that's what I learned in school today,
   That's what I learned in school.

2. What did you learn . . . *(zweimal)*
   I learned that policemen are my friends,
   I learned that justice never ends,
   I learned that murderers die for their crimes,
   Even if we make a mistake sometimes,
   And that's what . . .

3. What did you learn . . . *(zweimal)*
   I learned our government must be strong,
   It's always right and never wrong,
   Our leaders are the finest men,
   And we elect 'em again and again,
   And that's what . . .

4. What did you learn . . . *(zweimal)*
   I learned that war is not so bad,
   I learned about the great ones we have had,
   We fought in Germany and in France,
   And someday I might get my chance,
   And that's what . . .

Deutscher Text: H. Brandtke

Bob Dylan

# DIE ANTWORT WEISS GANZ ALLEIN DER WIND

## Blowin' in the Wind

1. Wie gros-se Ber-ge von Geld gibt man aus für Bom-ben, Ra-ke-ten und Tod?

Wie gros-se Wer-te macht heut' man-cher Mann und lin-dert da-mit kei-ne Not?

Wie gros-ses Un-heil muß erst noch ge-schehn, da-mit sich die Mensch-heit be-sinnt? Die

Ant-wort, mein Freund, weiß ganz al-lein der Wind, die Ant-wort weiß ganz al-lein der Wind.

2. Wie viele Straßen auf dieser Welt
sind Straßen voll Tränen und Leid?
Wie viele Meere auf dieser Welt
sind Meere der Traurigkeit?
Wie viele Mütter sind lang schon allein
und warten, und warten noch heut?
Die Antwort, mein Freund ...

3. Wie viele Menschen sind heut noch nicht frei
und würden es so gerne sein?
Wie viele Kinder gehn abends zur Ruh
und schlafen vor Hunger nicht ein?
Wie viele Träume erflehen bei Nacht,
wann wird es für uns anders sein?
Die Antwort, mein Freund ...

1. How many roads must a man walk down,
Before you can call him a man? – Yes, 'n
How many seas must a white dove sail,
Before she sleeps in the sand? – Yes, 'n
How many times must a cannon ball fly,
Before they forever are banned? –
The answer, my friend, is blowin' in the wind,
The answer is blowin' in the wind.

2. How many times must a man look up,
Before he can see the sky? – Yes, 'n
How many ears must one man have,
Before he can hear people cry? – Yes, 'n
How many deaths will it take, till he knows
That so many people have died? –
The answer, my friend ...

3. How many years can a mountain exist,
Before it is washed to the sea? – Yes, 'n
How many years can some people exist,
Before they're allowed to be free? – Yes, 'n
How many times can a man turn his head
Pretending he just didn't see? –
The answer, my friend ...

Als in den sechziger Jahren
die große Protestwelle
gegen den Vietnamkrieg anrollte,
wurde dieses Lied von
Millionen gesungen.

# OH, FREEDOM

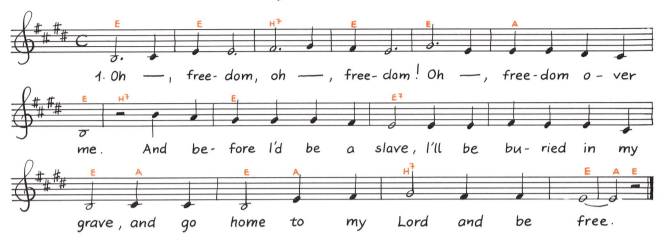

1. Oh —, free-dom, oh —, free-dom! Oh —, free-dom o – ver me. And be-fore I'd be a slave, I'll be bu-ried in my grave, and go home to my Lord and be free.

2. No segregation, no segregation,
No segregation over me.

3. No more weeping, no more weeping . . .

4. No more mourning, no more mourning . . .

5. No more Jim Crow, no more Jim Crow . . .

6. Oh, what singing, oh, what singing . . .

7. Oh, what shouting, oh, what shouting . . .

8. Oh, freedom! Oh, freedom . . .

Der Text bedeutet:

1. O Freiheit, o Freiheit, o Freiheit,
komm für mich,
denn bevor ich ein Sklave werde,
will ich mich lieber begraben lassen
und nach Hause zu meinem Gott gehen
und dort frei sein. . . .

2. Keine Rassentrennung!

3. Nie mehr weinen!

4. Nie mehr klagen!

5. Nie mehr Jim Crow! *

6. O welch ein Singen!

7. O welch ein Rufen!

8. O Freiheit!

Das Lied stammt aus dem amerikanischen Bürgerkrieg. Damals kämpften viele Schwarze gegen die Sklaverei. Man schätzt, daß bis zu 200 000 Schwarze von den Plantagen in den Südstaaten geflohen sind, um auf der Seite der amerikanischen Nordstaaten für ihre Freiheit zu kämpfen.

* Jim Crow (Jim Krähe) wurden die Schwarzen von den Weißen genannt, weil sie angeblich alle gleich aussahen, wie die Krähen.

Text und Musik: Zilphia Horton,
Frank Hamilton, Guy Carawan, Pete Seeger

Lied der amerikanischen Bürgerrechtsbewegung

# WE SHALL OVERCOME

1. We shall o - ver - come ——, we shall o - ver - come ——, we shall o - ver-come some day ——————. Oh —— deep in my heart, I do be - lieve: We shall o - ver-come some day.

2. We'll walk hand in hand,
   We'll walk hand in hand
   We'll walk hand in hand, some day.
   Oh, deep in my heart I do believe
   That we shall overcome some day.

3. We are not afraid,
   We are not afraid,
   We are not afraid, today.
   Oh, deep in my heart I do believe
   That we shall overcome some day.

Dieses Lied ist ursprünglich
ein Kirchenlied. Später wurde es
in der Arbeiterbewegung, in der
amerikanischen Bürgerrechtsbewegung und - auch bei uns -
in der Friedensbewegung
gesungen.

# DOWN BY THE RIVERSIDE

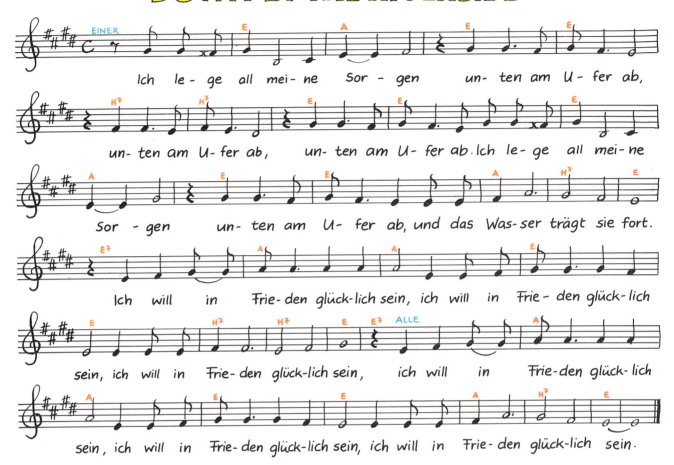

Ich le- ge all mei- ne Sor - gen un- ten am U- fer ab,

un- ten am U- fer ab, un- ten am U- fer ab. Ich le- ge all mei- ne

Sor - gen un- ten am U- fer ab, und das Was- ser trägt sie fort.

Ich will in Frie- den glück-lich sein, ich will in Frie- den glück-lich

sein, ich will in Frie- den glück-lich sein, ich will in Frie- den glück-lich

sein, ich will in Frie- den glück-lich sein, ich will in Frie- den glück-lich sein.

Und so heißt der Originaltext:

1. *Einer:*
   I'm goin' to lay down my heavy load
   Down by the riverside *(dreimal)*
   I'm goin' to lay down my heavy load
   Down by the riverside.
   I ain't gonna study war no more.
   *Alle:*
   I ain't gonna study war no more *(sechsmal)*

2. I'm goin' to lay down my sword and shield . . .

3. I'm goin' to put on my trav'ling shoes . . .

4. I'm goin' to put on my long white robe . . .

5. I'm goin' to put on my starry crown . . .

6. I'm goin' to lay down my wooden leg . . .

Text: Aaron Zeitlin
(Übersetzung: Edmund Jacoby)

Musik: Sholom Secunda

# DONAJ, DONAJ

1. Auf-m Wa-gen liegt ein Kälb-chen, liegt ge-bun-den mit ei-nem Strick.

Hoch am Him-mel fliegt ein Vo-gel, fliegt und dreht sich hin und z'rück.

Weht der Wind durchs Wei-zen-feld, lacht und lacht und lacht,

lacht den lie-ben lan-gen Tag, bis in die hal-be Nacht.

Do-naj, do-naj, do-naj, do-naj, do-naj, do-naj, do-naj, don.

Do-naj, do-naj, do-naj, do-naj, do-naj, do-naj, do-naj, don.

2. Schreit das Kälbchen, sagt der Bauer,
   warum bist du denn ein Kalb?
   Könntest doch ein Vogel sein,
   flögest frei wie eine Schwalb'!
   Weht der Wind . . .

3. Doch die Kälber tut man binden,
   sind zum Schlachten gerade recht.
   Nur wer Flügel hat, fliegt zum Himmel auf,
   ist für niemand je der Knecht.
   Weht der Wind . . .

Dies ist ein jiddisches Lied.
Jiddisch war die Sprache der Juden
in Osteuropa. Bei genauem
Hinhören kann man Jiddisch
ganz gut verstehen.
Seit der Judenvernichtung durch
Nazideutschland gibt es nur noch
wenige Menschen, die
Jiddisch sprechen.

1. Ojifn forel ligt a kelbl,
   ligt gebundn mit a schtrik.
   Hojch in himl flit a fojgl,
   flit un drejt sich hin un ts'rik.
   Lacht der wind in korn
   lacht un lacht un lacht,
   lacht er op a tog, a gantsn,
   un a halbe nacht.
   Donaj, donaj, donaj . . .

2. Schrejt dos kelbl, sogt der pojer,
   werssche hejst dich sajn a kalb?
   Wolst gekent doch sajn a fojgl,
   wolst gekent doch sajn a schwalb.
   Lacht der wind in korn . . .

3. Bidne kelblech tut men bindn,
   un men schlept sej un men schecht.
   Wer's hot fligl, flit arojf tsu,
   is bej kejnem nischt kejn knecht.
   Lacht der wind in korn . . .

# NEHMT ABSCHIED, BRÜDER

Should Auld Acquaintance Be Forgot

Nehmt Ab-schied, Brü-der, un-ge-wiß ist al-le Wie-der-kehr. Die
Zu-kunft liegt in Fin-ster-nis und macht das Herz uns schwer. Der
Him-mel wölbt sich ü-bers Land, a-de, auf Wie-der-sehn, wir
ru-hen all' in Got-tes Hand, lebt wohl, auf Wie-der-sehn.

Should auld acquaintance be forgot
And never brought to my mind?
Should auld acquaintance be forgot
And days of auld lang syne?
For auld lang syne, my dear,
For auld lang syne,
We'll take a cup o' kindness yet
For auld lang syne.

# Alphabetisches Verzeichnis der Liedtitel und -anfänge

# Quellennachweis

**Ali und Fritz**
Text: Richard Limpert, Musik: Fasia Jansen, aus: Richard Limpert/
Fasia/Kuro, *Ein Tenor aus Steele hat Gold in der Kehle*, Oberhausen 1978.
© Asso-Verlag, Oberhausen

**Alle die mit uns auf Kaperfahrt gehen**
Volksliedtext ergänzt und Musik: Felicitas Kukuck, aus: Gottfried Wolters,
*Das singende Jahr.* © Karl Heinrich Möseler Verlag, Wolfenbüttel

**Die alten Rittersleut**
Karl Valentin, Text und Musik: © 1953 by Edition Hieber im Allegra Musikverlag, Frankfurt/M.

**Die Antwort weiß ganz allein der Wind (Blowin' in the Wind)**
Bob Dylan; deutscher Text: Hans Bradtke. © 1963 M. Witmark & Sons. Alle
Rechte für Deutschland, Österreich und Schweiz: Music Sales, Elmshorn

**Aus grauer Städte Mauern**
Text: Hans Riedel, Musik: Robert Götz. © Voggenreiter Verlag, Bonn

**Der Baggerführer Willibald**
Text und Musik: © 1970 Dieter Süverkrüp

**Der Cowboy Jim aus Texas**
Text und Musik: Fredrik Vahle. © Aktive Musik Verlagsgesellschaft mbH,
Postfach 100102, 44001 Dortmund

**Dies Land ist dein Land (This Land is Your Land)**
Text und Musik: Woodie Guthrie; deutsche Nachdichtung: Jürgen Schöntges.
© 1956, 1958 by Ludlow Music Inc., New York, für Deutschland, Österreich,
Schweiz und Osteuropa: Essex Musikvertrieb, Hamburg

**Donaj, Donaj (Doss kelbl)**
Jiddischer Text: Aaron Zeitlin; englischer Text (Dona Dona): Sheldon
Secunda, Musik: Sholum Secunda, Text: Arthur Kevess / Teddi Schwartz
© 1940 EMI Mills Music Inc. and EMI Harmonies, Ltd. USA.
Weltweite Rechte bei: Warner Bros. Inc., USA / IMP Ltd.
Abgedruckt mit freundlicher Genehmigung von IMP Ltd., London

**Es führt über den Main**
Volksliedtext ergänzt und Musik: Felicitas Kukuck, aus: Gottfried Wolters,
*Das singende Jahr.* © Karl Möseler Verlag, Wolfenbüttel

**Der Frosch zog Hemd und Hose an**
Text und Musik: Fredrik Vahle. © Aktive Musik Verlagsgesellschaft mbH,
Postfach 100102, 44001 Dortmund

**Der Hase Augustin**
Text: Fredrik Vahle, Musik: Mikis Theodorakis
© Aktive Musik Verlagsgesellschaft mbH, Postfach 100102, 44001 Dortmund

**Kinder (Sind so kleine Hände)**
Text und Musik: Bettina Wegner. © Anar. Musikverlag, Berlin

**Lied vom Fahrrad (Riding in My Car)**
Text und Musik: Woodie Guthrie; deutsche Nachdichtung: Jürgen Schöntges.
© 1954 by Folkways Music Pub. Co. Ltd., New York, für Deutschland,
Österreich, Schweiz und Osteuropa: Essex Musikvertrieb, Hamburg

**Das Lied vom Müll**
Text: James Krüss © James Krüss Erben, Uetersen
Musik: Christian Bruhn © Christian Bruhn, München

**Mein Bonnie ist weit von der Heimat (My Bonnie is over the Ocean)**
Deutscher Text: Paul Hermann/Jürgen Schöntges; Musik: H. J. Fuller
© für Paul Hermann: Voggenreiter Verlag, Bonn

**Die Moritat von Mackie Messer**
Text: Bertolt Brecht, aus: Gesammelte Werke. © Suhrkamp Verlag, Frankfurt
am Main 1967. Musik: Kurt Weill. © 1928 Universal Edition AG., Wien

**Oh, Susanna (Alabama-Lied)**
Deutscher Text: Carl Zuckmayer, aus: Carl Zuckmayer, *Gedichte*
© S. Fischer Verlag GmbH, Frankfurt am Main 1977

**Die Rübe**
Text und Musik: Fredrik Vahle. © Aktive Musik Verlagsgesellschaft mbH,
Postfach 100102, 44001 Dortmund

**Sag mir wo die Blumen sind (Where Have All the Flowers Gone)**
Text und Musik: Pete Seeger, deutscher Text: Max Colpet
© Sanga Music Inc., für Deutschland, Österreich, Schweiz und Osteuropa:
Essex Musikvertrieb, Hamburg

**Sascha geizte mit den Worten**
Melodie aus Rußland, deutscher Text: Anton B. Kraus, von der
Fidula-CD 4401 »Tanzlieder für Kinder«. © Fidula-Verlag, Boppard/Rhein
und Salzburg

**Spiel nicht mit den Schmuddelkindern**
Text und Musik: Franz-Josef Degenhardt. © 1965 by Masterphon
Musikverlag GmbH, Bergisch Gladbach

**Schnapp, der wilde Drache (Puff the Magic Dragon)**
Peter Yarrow/Leonard Lipton; deutsche Worte: Jürgen Schöntges
© für Originaltext und Musik: 1963 bei Silver Dawn Music/Honalee
Melodies. Für Deutschland, Österreich, Schweiz, GUS und osteuropäische
Staaten: zu 70 % Neue Welt Musikverlag GmbH, München; zu 30 %
Global Musikverlag, München

**Was hat der Lehrer heut gesagt (What Did You Learn in School Today)**
Originaltext und Musik: Tom Paxton; deutscher Text: Jürgen Schöntges.
Für Originaltext und Musik: © 1962 by Cherry Lane Music Publ. Co. Inc.;
für Deutschland, Österreich, Schweiz und Osteuropa: Global Musikverlag,
München

**We Shall Overcome**
Text und Musik: Zilphia Horton, Frank Hamilton, Guy Cararan, Pete Seeger.
© 1960, 1963 by Ludlow Music Inc., New York, für Deutschland, Österreich,
Schweiz und Osteuropa: Essex Musikvertrieb, Hamburg

**Wenn sich die Igel küssen**
Text und Musik: Johannes Kuhnen.© Heinrich Kuhnen

**Wer sagt, daß Mädchen dümmer sind**
Text: Volker Ludwig, Musik: Birger Heymann, aus: *Das Grips-Liederbuch.*
© Volker Ludwig und Birger Heymann

**Die Winde des Herrn Prunzelschütz**
Text: Fritz Grasshoff, aus: Die Halunkenpostille, Musik: Jürgen Schöntges.
© für den Text: Fritz Grasshoff

**Wir sind Kinder einer Erde**
Text: Volker Ludwig, Musik: Birger Heymann, aus dem *Grips*-Stück
*Ein Fest bei Papadakis.* © Volker Ludwig und Birger Heymann

**Wir werden immer größer**
Text: Volker Ludwig, Musik: Birger Heymann, aus: *Das Grips-Liederbuch.*
© Volker Ludwig und Birger Heymann

**Der Zauberer Korinthe**
Text: James Krüss, aus: James Krüss, *Mein Urgroßvater und ich*
Text: © Verlag Friedrich Oetinger, Hamburg 1959, © Musik:
Frieder Schuckall

**Zum 1. Mai**
Text und Musik: Fredrik Vahle. © Aktive Musik Verlagsgesellschaft mbH,
Postfach 100102, 44001 Dortmund

**Zum Geburtstag viel Glück (Happy Birthday)**
Text und Musik: edition effel-music, maria m. frauenberger, münchen